创新教育视野下中学语文教学法改革与创新研究

郭建华 ◎著

中国书籍出版社
China Book Press

图书在版编目(CIP)数据

创新教育视野下中学语文教学法改革与创新研究 / 郭建华著. -- 北京 : 中国书籍出版社, 2024. 10.
ISBN 978-7-5241-0090-4

Ⅰ. G633.302

中国国家版本馆CIP数据核字第2024YL7468号

创新教育视野下中学语文教学法改革与创新研究

郭建华　著

丛书策划	谭　鹏　武　斌
责任编辑	毕　磊
责任印制	孙马飞　马　芝
封面设计	守正文化
出版发行	中国书籍出版社
地　　址	北京市丰台区三路居路97号（邮编：100073）
电　　话	（010）52257143（总编室）　（010）52257140（发行部）
电子邮箱	eo@chinabp.com.cn
经　　销	全国新华书店
印　　厂	三河市德贤弘印务有限公司
开　　本	710毫米×1000毫米　1/16
字　　数	242千字
印　　张	15.25
版　　次	2025年5月第1版
印　　次	2025年5月第1次印刷
书　　号	ISBN 978-7-5241-0090-4
定　　价	98.00元

版权所有　翻印必究

目 录

第一章 绪 论 ... 1
    第一节 我国中学语文课程的性质与功能 ... 2
    第二节 我国中学语文课程价值取向嬗变 ... 10
    第三节 我国中学语文教学流派的形成与发展 ... 26

第二章 创新教育对中学语文教学法的新要求 ... 55
    第一节 创新教育解读及其核心理念 ... 56
    第二节 创新教育视野下中学语文教学的目标与定位 ... 60
    第三节 创新教育视野下中学语文教学法的反思与改革 ... 69

第三章 创新教育视野下中学语文教学法改革的核心理念 ... 74
    第一节 语文素养与人文素养相融合 ... 75
    第二节 语言训练与思维训练相结合 ... 77
    第三节 听、说、读、写综合训练 ... 82
    第四节 课内与课外相互促进 ... 88

第四章 创新教育视野下中学语文教学方法的多样化与革新 ... 97
    第一节 情境教学法在语文课堂的应用 ... 98
    第二节 项目式学习在语文课程中的实践 ... 107
    第三节 合作学习模式的构建与实施 ... 113

第五章 创新教育视野下中学语文教学法的具体应用与优化 118

- 第一节 语言构建——语文知识教学法优化 119
- 第二节 思维提升——口语交际教学法优化 128
- 第三节 审美鉴赏——阅读理解教学法优化 137
- 第四节 文化创造——语文写作教学法优化 149

第六章 创新教育视野下中学语文教学法的技术创新与应用 162

- 第一节 多媒体教学资源的开发与利用 163
- 第二节 网络资源在语文教学中的整合 170
- 第三节 数字化教学手段的创新尝试 178

第七章 创新教育视野下中学语文教学法改革的成效评估 183

- 第一节 中学语文教学法评估的含义与理念 184
- 第二节 中学语文教学法评估的策略与设计 187
- 第三节 中学语文教学法的应用成效评估 192

第八章 创新教育视野下中学语文教师的角色转变与专业发展 197

- 第一节 中学语文教师的角色与定位 198
- 第二节 中学语文教师的学科素养要求 203
- 第三节 中学语文教师的专业发展路径 215

第九章 结 语 226

- 第一节 教学法改革的策略建议 227
- 第二节 对未来中学语文教学的展望 230

参考文献 233

第一章 绪 论

现代语文教学既承载着传承传统文化的重任，又肩负着不断探索未来教育新境的重任。我国的语文教学自古以来就是文化传承的重要载体，从诗经、楚辞，到唐诗、宋词，再到明清小说，无不凝聚着中华民族的智慧和精神。20世纪初，随着新文化运动的兴起，语文教学正式成为独立的学科，开始系统地研究和传授语言文字的规律，为社会培养了大批具有深厚人文素养的人才。然而，面对日新月异的社会变革和科技发展，语文教学也面临着新的挑战。一些传统的教学模式可能无法满足现代社会对创新思维、批判性思考和跨文化交际能力的需求。例如，过于强调知识的灌输，忽视了学生的主体性和实践性；过于关注语法和词汇的掌握，轻视了学生对语言的实际运用和文化内涵的理解。因此，必须在语文教育观上进行革新，从以教师为中心转向以学生为中心，从注重知识的传授转向注重能力的培养。展望未来，我国的语文教学有着广阔的发展空间。随着教育信息化的推进，数字化、网络化的教学手段将为语文教学提供更加丰富和便捷的平台。此外，随着全球化的深入，跨文化的语文教育也将成为新的趋势，培养具有国际视野和跨文化交流能力的语文人才将显得尤为重要。

第一节　我国中学语文课程的性质与功能

一、中学语文课程的性质

性质问题在学科领域中扮演着至关重要的理论角色。它构成了语文教育核心理念的基础，对语文教育的定位、功能、目标、教学内容、教学方法、质量评估、体制建设等方面具有深远影响。关于语文学科的性质，可以进行如下的归纳。

（一）人文性、工具性

1. 人文性

人文性是指对人类自身全面发展的关注和追求，涵盖了人的尊严、价值、个性、理想、信念、品德、情操等多方面的内涵。在中国古代的哲学经典《易经》中，"人文"一词被用来描述通过观察社会文化，以达到教化人民，形成和谐社会的目标。这里的"人文"实际上是指"礼教文化"，即通过教育和文化传承，塑造有道德、有教养的公民。[①]

人文概念的起源可以追溯到古罗马时期的西塞罗的教育理念，他提出的人文学科，包括哲学、语言修辞、历史、数学等，旨在培养具有人文精神的公民，即自由民。这些学科不仅强调知识的传授，更注重对人性的理解和塑造，具有强烈的人文关怀和教化功能。"人文"的含义因此超越了简单的知识教育，更强调对人的道德、情感和精神层面的培养，这与《易经》中"人文"的含义是一脉相承的。

人文学科的发展始终坚持以人为中心，关注人的全面发展，它关注的不

[①] 魏本亚.中学语文教学设计[M].北京：高等教育出版社，2016：12.

仅是技术的传授，更是人的素质和修养的提升。以语文教学为例，我们教授的不仅仅是文字和语言，更是通过文学作品，让学生体验人性的复杂，理解社会的变迁，培养道德情操，激发审美情感，塑造健康的人格。孔子的"诗、书、礼、乐"教育，以及后来的"四书五经"，都以人文性为核心，它们传播中华文化的精髓，对中国社会产生了深远影响。

然而，我们需要注意的是，人文性并非语文学科的专利，它贯穿于所有的社会科学和自然科学之中。无论是社会科学对人类社会的探索，还是自然科学对自然规律的追求，都体现了对人的价值和文化的尊重。因此，人文性是语文学科的一般性质，但这一性质对于塑造学科的独特性，尤其是语文的审美功能、文化价值、情感教育等方面，具有至关重要的作用。

在当前应试教育的背景下，强调语文学习的人文性，是对过度强调知识技能训练的"科学主义"倾向的一种纠正。提倡人文性旨在恢复语文教育的丰富性和深度，通过文学的熏陶，培养学生的审美能力，激发他们的创造力，促进他们的情感成长和人格完善，以实现学生的全面发展。因此，人文性在语文教育中的地位不容忽视，它是提高学生综合素质，构建和谐社会的重要途径。

2.工具性

语文自古以来便是具有深厚文化底蕴与广泛交流功能的学科，无疑是人类社会中最为关键的交际工具和文化载体。在中学教育体系中，语文教学更是以其独特的魅力与深远的影响力，成为培养学生综合素养不可或缺的一环。它不仅仅是知识的传授，更是心灵的启迪与文化的传承。

从教学内容的深度与广度来看，中学语文教学犹如一座丰富的宝库，其中蕴藏着无尽的智慧与宝藏。语文基本素材，如字、词、句，这些看似简单的元素，却是构建语言大厦的基石。它们承载着丰富的信息，蕴含着深厚的文化底蕴与情感色彩。例如，一个"家"字，不仅代表了居住的空间，更蕴含了亲情、温暖与归属感的深刻内涵。在语文教学中，通过对这些基本素材的深入剖析与灵活运用，学生能够更好地理解和把握语言的魅力与力量。[①]

---

① 韦美日.中学语文学科教学设计[M].北京：民族出版社，2015：16.

从语文学科的作用来看，它不仅仅是一门基础学科，更是培养学生综合素养与创新能力的重要平台。对于中学生而言，学好语文不仅有助于他们更好地掌握其他学科知识，更有助于他们今后的工作与继续学习。同时，语文还是弘扬民族优秀文化和吸收人类进步文化的重要载体。通过学习语文，学生可以更加深入地了解中华民族的传统文化与民族精神，从而增强民族自豪感与自信心；同时，他们也可以接触到来自世界各地的优秀文化作品与思想成果，从而拓宽视野、增长见识。

尤为重要的是，语文学科的工具性是其最为本质的特征之一。语言作为人类最重要的交际工具与思维工具，在人们的日常生活、工作、学习中都发挥着不可替代的作用。因此，承认语文科的工具性质并注重培养学生的语言运用能力，对于人才的培养与发展具有至关重要的意义。

（二）思想性、知识性

1.思想性

语文的功能远不止于简单的信息传递，更深层次的是承载和传播思想观念、情感体验。正如古人所言，"言为心声"，语言是人类思想的物质外壳，是内心世界的外在表现。没有思想内涵的语言，就如同没有灵魂的躯壳，空洞无物。因此，在强调语文的工具性，即其在日常生活和学习中的实用性时，不能忽视其内在的思想性。在语文教学中，不仅要教授学生如何正确、有效地使用语言，更要引导他们理解和欣赏语言中的深邃思想，培养他们的批判性思维和情感表达能力。过去的教育实践中，曾有过过分强调工具性而忽视思想性，或者反之的情况，导致学生在语言学习上出现片面性，这是我们需要引以为戒的。

2.知识性

作为一门独立的学科，语文拥有其独特的知识体系，包括语言的语法、词汇、修辞等基础知识，以及文学、文化、历史等更为广阔的知识领域。在语文教学中，听、说、读、写等语言技能的训练，实际上是一个不断积累和运用知识的过程。学生在理解和运用语言的过程中，可以接触到自然科学、社会科学、生活常识等多方面的知识，这些知识的积累不仅能够丰富他们的内心世界，提高他们的语文素养，更能在跨学科的学习中发挥重要的桥梁作用。例如，阅读一篇文学作品，学生不仅可以学习到文学知识，如情节构造、人物塑造等，同时也能了解到历史背景、社会现象等多方面的信息，从而实现知识的多元化和深度学习。

（三）综合性、社会性

1.综合性

与其他学科相比，语文学科的综合性尤为突出，主要体现在以下几个方面。语文课文，如同一个微型的世界，融合了各种思想内涵和表达形式，涵盖了人类智慧的多元面貌。语文知识，如同一座知识的宝库，包括了字词句篇、语言修辞、逻辑思维以及听读说写等多方面的技能。语文能力，是多种能力的综合体现，它要求学生具备敏锐的听力、深度的阅读理解、清晰的表达和流畅的写作能力。语文训练，是知识与技能的结合，涵盖了对语文知识的系统训练和语文技能的实践应用。语文教学的这种综合性，使得语文课堂成为知识的海洋，激发了学生的学习兴趣，也为教师的教学生涯提供了广阔的创新空间。①

2.社会性

语言是社会交往的桥梁，是思想交流的工具。在学生的学习生涯中，语文不仅在课堂上被系统地学习，更在日常生活中无处不在。语文教学的效果，不仅影响着学生的语言交际能力，还深远地影响着他们毕业后的工作表现。因此，语文教学必须与社会保持紧密的联系，接受社会的检验和反馈。此外，社会的每一个角落，从家庭到社区，都是学生学练语文的场所。通过看电影、听广播、参与调查访问，甚至与家人的日常交谈，都可以让学生在实践中提升语文能力，弥补课堂教学的局限。

---

① 靳彤.中学语文教学设计[M].北京：高等教育出版社，2016：35.

二、中学语文课程的功能

语文科目被确立为一门独立的学科，这是人们经过长期教育实践，深刻认识到语文教育重要性的结果。在中等教育中，可以从基本功能和具体功能两个主要方面来解析其教育功能。

（一）基本功能

1.突出的全面性基础功能

语文，作为人类知识传承的重要载体，其在教育体系中的地位不可忽视。在学习过程中，各科知识的吸收和理解都离不开语文的运用。比如，数学中的定理，物理中的定律，化学中的反应方程式，都需要通过语言进行表述和解释。语言能力强的学生，往往能更准确地理解概念，更流畅地表达思想，更有效地进行知识的内化和应用。再如，生物学科中的"光合作用"，如果学生语言表达能力强，就能更清晰地描述其过程，理解其原理，甚至能用生活中的例子进行生动的比喻，使抽象的概念变得具体易懂。

同时，语文学习对于个人未来的工作和生活也有深远影响。无论是科学家，工程师，医生，教师，还是企业家，都需要通过语言进行沟通，表达观点，解决问题。良好的语文知识储备和语言能力可以帮助人们更好地理解他人的需求，更准确地表达自己的想法，更有效地进行团队协作。

中学阶段是人生学习的关键时期，各学科都有其独特的价值和作用，但语文的全面性基础功能尤为突出。它不仅为其他学科的学习提供基础，也为未来更高层次的理论学习打下基础，更为重要的是，它为学生的生活和工作提供了必不可少的沟通和思考能力。因此，应该充分认识到语文学习的重要性，努力提高自身的语言素养，以更好地适应社会，实现自我价值。

2.广泛的社会应用功能

语文学科，作为一门基础且核心的学科，其应用的深度和广度在所有学科中独树一帜。它不局限于书本知识的传授，更是一种社会文化的传承和创新,一种人类智慧的交流与碰撞。在弘扬中华民族优秀文化和吸收人类进步文化的过程中,语文学科扮演着至关重要的角色。它承载着历史的烙印,传递着民族的精神,是联接过去与未来的桥梁。同时,它也是理解和接纳外来文化,推动文化交融的重要工具,为构建多元和谐的社会文化环境提供了有力的支持。

在国家现代化建设的进程中,语文学科的重要性更是日益凸显。随着科技的飞速发展,人工智能、声控技术等高科技领域,无一不依赖语言文字的精准运用。语文现代化不仅意味着语言表达的现代化,更涵盖了思维方式、价值观念的更新,它在推动科技进步、提升国家软实力方面发挥着不可替代的作用。例如,科技论文的撰写、科技知识的普及,都需要强大的语文能力作为支撑。

语文学科的社会应用功能,还体现在它对个人素质的全面塑造上。[①]它能培养人的批判性思维,提升人的沟通能力,塑造人的道德情操,是培养具有全球视野和创新精神的现代公民的重要途径。因此,教师在教学中,应引导中学生认识到语文学科的社会应用功能,关注语文在现实生活中的应用,学会在大语文和小语文之间找到平衡,使学习真正服务于社会,服务于生活。

3.深刻的个体移情功能

在中学教育的广阔领域中,每一门学科都以其独特的方式塑造着学生的认知和实践能力。然而,若论及对个体思想感情产生深远影响的学科,语文无疑独树一帜。语文,作为人的情感与智慧的载体,其教学过程中的个体移情功能尤为显著,它在师生间构建起情感的桥梁,激发学生的情感再造,甚至引发情感的突变,从而在教育中发挥出无可比拟的作用。

首先,情感融通。教师以自身的热情和对文本的深刻理解,将文字中的情感传递给学生,触动学生的情感共鸣。教师的情、文本的情、学生的情在交流中交融,形成情感的和谐共存,使学生在无形中受到感染和教育。这种情感的互动,不仅增强了师生间的联系,也为学生提供了理解和表达情感的

---

① 赵年秀.中学语文教学设计[M].长沙:中南大学出版社,2014:57.

平台。

其次，情感再造。当学生被文本中的情感所触动，他们会产生新的情感并急于表达出来。这种情感的新生力量，如同一股涌动的洪流，驱使学生通过口头或书面的方式去释放和深化这种情感，从而锻炼和提升了他们的听、说、读、写能力。这种情感的自我表达，是语文学习中不可或缺的一部分，也是学生个性发展的重要途径。

最后，情感突变。教师通过长期、系统的引导，使学生在思想、知识、审美乃至道德品质上实现质的飞跃。这种情感的突变，如同蝴蝶破茧而出，使学生在自我认知和行为上展现出全新的面貌。它不仅提升了学生的综合素质，也为他们的未来发展奠定了坚实的基础。

（二）具体功能

中学语文学科的具体功能可从以下几个方面进行阐述。

1.语文知识的传递功能

语文知识涵盖了语言知识的海洋，文学常识的繁星，听、说、读、写的技能，以及从他人言语经验中汲取的智慧，更包含了深邃的社会文化知识的矿藏。语文知识以其独特的综合性人文知识特性，展现出一种博大精深的学术魅力，其外延之宽广，内容之丰富，使得语文学科的内涵更加丰满，地位更加重要。

语言知识是语文知识的基石，它包括词汇、语法、修辞等基础知识，是人们进行有效交流的工具。文学常识，是语文知识的精华，它涵盖了古今中外的文学作品、作家、流派等，是培养人文素养、审美情趣的重要途径。听、说、读、写技能知识，是语文知识的实践应用，它教授我们如何理解文本，如何表达思想，如何进行有效的沟通，是提升个人素养的关键。而从他人言语经验中学习，我们能理解社会的多元性，洞悉人性的复杂性，这对于我们形成独立思考的能力至关重要。

社会文化知识，是语文知识的广阔背景，它包括历史、哲学、艺术、社会学等多个领域，帮助我们理解文本的深层含义，洞察社会的变迁，培养全球视野和跨文化交际能力。例如，通过学习古代诗词，我们可以感受到古人的情感世界，理解传统文化的精髓；通过阅读外国文学，我们可以跨越国界，理解不同文化的独特魅力。

语文知识的丰富性，不仅体现在其内容的广度，更体现在其深度。它需要我们在理论学习和实践应用中不断探索、积累和创新。只有深入理解和掌握语文知识，才能真正提升我们的语文素养，才能在知识的海洋中自由翱翔，才能在人生的舞台上绽放智慧光芒。

2.语文能力的培养功能

语文学科，作为教育体系中的基石，其主要目标是培养中学生的语文能力，这是学科设置的初衷，也是其核心使命。语文能力的构建，不仅限于表面的阅读理解、文字表达和口头交流，更深层次的是锻炼学生的思维能力，如分析、综合、抽象、概括、比较、分类、想象和联想等。这些能力是学生在面对复杂问题时，能够独立思考、创新解决问题的关键。

培养学生的语文能力，既是对学科发展规律的遵循，也是对时代发展需求的回应。在信息爆炸的时代，学生需要具备高效的信息搜集、筛选和处理能力，这在很大程度上依赖学生的语文综合应用能力。同时，跨学科的交叉与渗透，能够激发学生的多元智能，培养学生的创新精神和实践能力，为学生的终身发展打下坚实的基础。

语文综合性学习活动，作为实现这一目标的重要手段，它打破了传统的学科界限，将听、说、读、写等语文技能融合在各种实际情境中，通过实践活动，让学生在解决问题的过程中，自然而然地提升语文能力，培养学生的团队协作、批判性思维和自我学习能力。

3.人文教育功能

语文学科在教育体系中至关重要，其人文教育功能不可替代。该功能包括文化教育、人格教育及情感、态度和价值观教育。文化教育通过古代诗词、经典名著，让学生了解历史文化，培养跨文化交际能力。人格教育通过文学作品中的人物性格、情节寓意，塑造学生道德观念和人格特质。情感、态度和价值观教育则通过文学作品中的情感色彩和人生观，帮助学生形成健康态度和正确价值观。总之，应充分认识语文学科人文教育功能的重要性，并在教学中积极探索和实践。

第二节 我国中学语文课程价值取向嬗变

"中国语文"自1904年被确立为独立学科以来，其课程标准的价值取向随着历史的波澜起伏，展现出一个动态演进的历程。作为语文教育的蓝图，语文课程标准不仅定义了学科的本质，更承载着国家的意志，反映了社会的主流文化。这一价值取向，本质上是国家行政部门对语文知识标准的主观价值判断，它决定了哪些知识能够进入教育的殿堂，影响着一代代学子的认知世界。

语文课程标准是语文课程价值取向的直接体现，它如同一面镜子，映照出不同历史阶段的社会变迁。从晚清的现代化探索，到新中国的文化重建，再到改革开放后的教育现代化，语文课程标准的价值流变始终与时代脉搏紧密相连。通过对各个时期课程标准文本的深入剖析，我们可以清晰地揭示出社会变迁如何塑造语文课程的价值取向，以及这些变化如何在语文教育中留下独特的印记。

进入新时代，中国提出教育高质量发展的战略目标，教育的价值研究显得尤为重要。作为教育的主要载体，语文课程承载着强烈的育人价值。它既强调个体的全面发展，体现了教育的本体价值，又注重社会功能的实现，体现了教育的工具价值。[①]国家统一制定的语文课程标准，其价值取向可以归纳为三个方面：一是社会价值取向，它反映了国家对人才培养的期望，体现了社会的主流价值观；二是知识价值取向，它随着语文知识体系的深化而发展，反映了教育的科学性与时代性；三是个人价值取向，它关注个体的成长，旨在培养能够适应社会需求的公民。

每一个时期的语文课程标准都烙印着鲜明的时代特征，它们不仅是社会变迁的见证，也是教育理念与实践的结晶。通过深入研究语文课程标准的价

---

① 石连海，齐春梅.新中国成立70年来教育方针价值取向变迁研究[J].清华大学教育研究，2019（12）：53.

值取向，我们可以更深刻地理解语文学科的定位，为新时代的语文课程改革提供理论指导和实践参考。

一、语文课程标准价值取向的百年回顾

根据对语文课程标准长达百余年的文本深入分析，依据三种主要价值取向在不同历史阶段的演变轨迹，可以将语文课程的价值取向明确划分为四个历史时期：民国期间（1912—1948年），该阶段显著注重实用主义的价值导向；中华人民共和国成立后的前30年（1949—1977年），则显著强调政治教化的价值取向；随后改革开放后的20年（1978—2000年），重点转向了知识与能力培养的价值导向；而进入21世纪以来的20年（2001至今），则更加注重人文素养的价值提升。为了深入探究这一价值取向的流变过程，主要聚焦于课程标准的"目的"与"目标"相关语段进行深入剖析。这些"目的"与"目标"的设定，其核心问题直指教育的根本——培养何种类型的人才，具体而言，就是需要明确界定理想人才所应具备的素质结构与规格。通过回溯语文课程发展的百年历程，详细阐述了各个阶段语文课程标准所体现的价值取向，旨在全面考察社会价值取向、知识价值取向以及个人价值取向这三种核心取向在不同历史背景下的真实存在状况与演变轨迹。

（一）民国语文课程标准：实用主义价值取向（1912—1948年）

在20世纪初的动荡岁月中，中华民族面临着前所未有的生存危机，为了挽救国家于危难之中，清政府毅然决然地推行了一系列旨在改革与自救的"新政"。在这一历史背景下，"中学为体、西学为用"的教育思想应运而生，它不仅是对传统文化的一种坚守，更是对西方先进知识技术的一种积极吸纳。正是在这样的教育理念的指导下，国语与国文课程逐渐走进了中国的教育体系，成为培养新一代国民的重要载体。

1904年，清政府正式颁布了《奏定小学堂章程》与《奏定中学堂章程》，

这两部章程的出台，标志着语文学科在中国教育体系中正式独立设科，也预示着我国现代语文教育的崭新开端。这一时期的语文课程标准，虽然尚处于萌生和探索阶段，但其对于语文教育的基本框架与方向已经初具雏形。值得注意的是，这一时期的语文课程标准在内容的表述上，尚未对语文课程的价值取向进行专门的阐述，这在一定程度上反映了当时教育界对于语文教育功能认识的局限性与模糊性。

随着时间的推移，特别是到了1919年"五四运动"前后，中国社会经历了一场深刻的思想解放运动。在这场运动中，西方民主主义教育思潮如潮水般涌入中国，为中国的教育改革注入了新的活力与灵感。其中，美国教育家杜威的实验主义教育哲学更是对中国教育界产生了深远的影响。杜威基于实用主义的哲学思想，提出了"教育即生长"的核心理念，他认为学校教育的价值就在于促进学生的全面发展与成长。[1]这一观点不仅颠覆了传统教育观念中对于知识传授的单一追求，更将教育的目标提升到了促进学生个性发展与社会适应的高度。

在杜威教育思想的影响下，中国的语文课程标准也开始逐渐关注其外在的社会功能与价值。1923年颁布的《新学制课程标准纲要小学课程标准纲要》与《新学制课程标准纲要初级中学国语课程纲要》便是这一转变的集中体现。[2]这两部课程标准在结构上均由"目的""内容和方法"两部分组成，其中"内容和方法"部分更是明确地将"读书、文法、作文"作为语文教学的三大核心内容。这一安排不仅体现了对学生语言文字运用能力的重视，更蕴含了对学生阅读兴趣、表达能力、性情涵养、想象力及思想力等多方面素质的培养与提升。以小学课程标准纲要为例，其明确要求学生在语文学习过程中要"练习运用通常的语言文字"，这一要求不仅是对学生基本语言技能的训练，更是对其在日常生活中运用语言文字能力的培养。同时，"引起读书趣味"的提出则进一步强调了阅读兴趣在语文学习中的重要性。只有当学

---

[1] 约翰·杜威.民本主义与教育[M].王承绪，译.北京：人民教育出版社，1990：57.
[2] 课程教材研究所.20世纪中国中小学课程标准·教学大纲汇编·语文卷[S].北京：人民教育出版社，2001：13.

生真正对阅读产生兴趣时，他们才能主动地去探索知识、拓宽视野、丰富内心世界。此外，"养成表达能力"的要求则体现了对学生口头与书面表达能力的重视。在现代社会中，良好的表达能力已经成为个人综合素质的重要组成部分之一。因此，通过语文教学来培养学生的表达能力无疑具有十分重要的现实意义。

在20世纪初的中国，初级中学的国语课程大纲明确指出课程目标是培养学生自由表达思想的能力。①语文教育在学科初创阶段就兼顾了语言教育的实用性，和学生运用语言文字自由表达思想的培养，旨在提升学生的语言能力，以使学生更好地适应社会生活。语文课程的这一核心理念，源于其作为母语教育的实用性和世俗性，旨在通过语言能力的提升，使学生能够更好地融入和应对当时的社会现实。

1936年《小学国语课程标准》明确指出，国语课程应"指导儿童阅读文艺，激发救国意识"。②1948年，修订的课程标准持续强调语文课程的实用主义，重视其在改造社会中的功能。近半个世纪，语文教育受政治影响曲折发展，受杜威实用主义影响，表现出实用主义色彩。语文独立后，摆脱经学依附，西方科学知识促进学科建设，体现科学主义。教学方法从教师主导转向学生中心，体现个人价值取向。

（二）中华人民共和国成立后的前30年语文课程标准：政治教化价值取向（1949—1977年）

自1949年中华人民共和国成立以来，国家便踏上了快速发展的征途，而教育作为推动社会变革与进步的重要力量，承载着无比重大的历史使命。在这一背景下，语文课程作为教育体系中的基石，积极响应国家号召，不仅致力于语言文字的传承与发展，更主动承担起贯彻国家主流意识形态、培养国

---

① 课程教材研究所.20世纪中国中小学课程标准·教学大纲汇编·语文卷[S].北京：人民教育出版社，2001：274.

② 课程教材研究所.20世纪中国中小学课程标准·教学大纲汇编·语文卷[S].北京：人民教育出版社，2001：62.

民政治素养的重任。这一时期的语文课程标准,无疑成为政治教化取向的鲜明体现,深刻影响着中小学教育的方向与内涵。

回顾过去,1949年9月颁布的《中国人民政治协商会议共同纲领》,明确提出了教育应服务于新民主主义的要求,为语文教育指明了方向。在这一纲领的指引下,语文教育被赋予了浓厚的政治色彩,其教学目的不仅在于传授语言文字知识,更在于通过语文教育培养学生的爱国主义情感和国民公德。1950年8月,中央人民政府进一步颁布了《小学语文课程暂行标准(草案)》,其中的"第一目标"内容明确指出:"使儿童通过普通话和语体文并联系各科的学习,能获得初步的自然史地常识,并具有爱国主义思想和国民公德。"[①]这一表述,不仅彰显了语文教育在培养学生爱国情怀和道德观念方面的独特作用,也预示着语文教育将在新中国的建设中发挥不可替代的重要作用。

随着时代的推进,20世纪50年代的中国语文课程在价值取向上进一步受到苏联教育模式的影响,政治教化的色彩愈发浓厚。在这一时期,语文教育被赋予了更为宏大的历史使命——培养全面发展的社会主义建设者和接班人。为了实现这一目标,语文教育在课程设置、教学内容以及教学方法等方面都进行了深刻的变革。

其中,1956年将语文课程实行汉语、文学二分,无疑是中国语文教育学科专业化发展的一次重大突破。这一举措不仅使得语文课程的教学内容更加明确和专业化,也为语文教育的深入发展奠定了坚实的基础。在《小学语文教学大纲(草案)》中,我们可以清晰地看到这一时期语文教育的政治教化取向。大纲明确指出:"小学教育的目的在以社会主义思想教育儿童,培养他们成为个性全面发展的社会主义社会的成员……通过文学作品、科学知识等教学,培养儿童的社会主义政治方向、辩证唯物主义世界观的基础和共产主义的道德。"[②]

---

① 课程教材研究所.20世纪中国中小学课程标准·教学大纲汇编·语文卷[S].北京:人民教育出版社,2001:69.
② 课程教材研究所.20世纪中国中小学课程标准·教学大纲汇编·语文卷[S].北京:人民教育出版社,2001:117.

第一章 绪 论

在初中教育阶段，汉语与文学被明确划分为两个独立的教学大纲，这不仅是学科发展的细化体现，更是对中小学生进行全方位思想教育的重要布局。《初级中学汉语教学大纲（草案）》中明确指出："应结合初级中学汉语教学，深入开展爱国主义思想教育，以培养学生的民族自豪感和爱国主义热情。"[①]。这一表述，深刻揭示了语文课程在塑造学生价值观、培养国家意识方面的核心作用。在深入探讨语文课程的教育目标时，我们不难发现，它远不止于语言知识的传授，更承载着"爱国主义思想教育"与"社会主义思想教育"的重任。这些教育目标旨在培养少年儿童具备社会主义政治方向、辩证唯物主义世界观的思想基础，以及共产主义道德观念，从而将他们塑造成为符合社会主义需求的新一代人才。语文，作为文化传承与思想传播的重要载体，自然而然地成了国家政治方向发展的宣传阵地，其教化功能对于中小学生的政治意识形成具有不可估量的影响。

随着时代变迁，教育理念不断更新。20世纪60年代初期，国家经济政治进入新调整期，语文课程也进行了改革。1963年颁布的语文教学大纲草案中，首次提出"语文课非文学课或政治课"，标志着语文课程淡化政治功能，更注重自身特性和价值。从这一时期的语文课程标准中，我们可以看出，语文教学在坚持社会价值取向的同时，也开始显现出其知识价值取向的一面。阅读教学和写作教学作为语文教学的重要组成部分，被赋予了更高的地位和价值。通过推行基础知识和基本技能的"双基"教学，语文学科的工具性导向得到了正式确立。这不仅为学生未来的学习和生活打下了坚实的语言基础，也为他们综合素质的提升提供了有力支持。

回顾中华人民共和国成立后的前30年的语文教育历程，我们可以清晰地看到，语文课程标准始终围绕着社会价值取向进行构建和调整。在这一过程中，政治教化成为语文课程的重要使命之一。通过强化爱国主义教育、社会主义思想教育等内容，语文课程在增强社会凝聚力、坚定人们精神信仰方面发挥了积极作用。然而，这种高度强调政治教化的价值取向也在一定程度上

---

① 课程教材研究所.20世纪中国中小学课程标准·教学大纲汇编·语文卷[S].北京：人民教育出版社，2001：323.

遮蔽了语文课程的知识价值取向和个人价值取向。作为政治工具的语文，在推动学科知识的专业化发展方面显得力不从心，零星的知识发展和积累难以满足学生全面发展的需求。

此外，过分强调政治教化还可能导致语文教育脱离学生的内心世界和情感体认。当课文内容被口号化、形式化时，学生往往难以产生共鸣和认同感，从而影响了教育效果的发挥。因此，在未来的语文课程改革中，我们需要在坚持社会价值取向的同时，更加注重知识价值取向和个人价值取向的平衡与融合。通过丰富课程内容、创新教学方法等手段，让语文教育更加贴近学生的生活实际和心理需求，激发他们的学习兴趣和创造力，为他们的全面发展奠定坚实的基础。

（三）改革开放后的前20年语文课程标准：知识能力价值取向（1978—2000年）

1978年，党的十一届三中全会的召开，标志着中国的发展策略发生了历史性的转折，从过去的政治斗争转向了经济建设为中心的新征程。这一时期的语文课程，也顺应时代潮流，其教学内容与目标发生了深刻的变化，主要围绕着为国家的经济建设培养具备扎实基础知识和基本技能的人才而展开。

在这一背景下，语文教育的价值取向发生了显著的变化。前期那种过分强调"政治教化"的社会价值倾向逐渐被摒弃，转而更加注重"知识能力"的知识价值倾向。这一转变，不仅是对过去教育模式的反思与纠正，更是对新时代教育需求的积极响应。

1978年，我国语文教育界的一位巨擘——吕叔湘先生，提出了著名的"吕叔湘问题"，他深刻指出："语文教学效率不高，学生语文水平普遍偏低。"这一问题的提出，如同一石激起千层浪，引发了社会各界对语文教育的广泛关注和深刻反思。吕叔湘先生提出的"提高语文教学效率"口号，成为当时语文教育改革的重要方向。语文教育开始追求效率，凸显知识，语文课程目标也随之呈现出科学主义的倾向。

同年，国家颁布了《全日制十年制学校小学语文教学大纲（试行草案）》和《全日制十年制学校中学语文教学大纲（试行草案）》，标志着语

第一章 绪　论

文教育改革进入新阶段。其中,《全日制十年制学校中学语文教学大纲（试行草案）》强调进行严格的读写训练，使学生能正确理解和运用祖国语言文字，具有现代语文的阅读和写作能力。

随后，语文教育改革不断深化。1986年和1988年，国家又颁布了四份中小学语文教学大纲，进一步强化了语文的工具性，突出了语文课程标准的知识价值取向。例如，《全日制小学语文教学大纲》明确指出教学目的包括培养学生的识字、听话、说话、阅读、作文能力和良好学习习惯，并在语言文字训练中进行思想品德教育。[①]这里的"思想品德教育"与之前的"思想政治教育"相比，更加注重学生自身的品德培养，而非单纯的国家政治教化。

同时，《全日制中学语文教学大纲》强调以马克思主义为主导，注重课文和语文知识的学习和基本训练。这体现了语文教育与国家意识形态的联系及培养学生语文能力的重要性。四份大纲的颁布逐渐消除政治话语模式影响，语文课程价值倾向转向关注基础知识、技能。语文教育回归本质，追求教学质量与效率。教育界人士探索科学有效的教学方法，推动学科知识的进步和积累。

自改革开放以来，语文课程价值取向倾向知识本位，科学化进程加速。目标体系确立"双基"目标，聚焦知识累积与技能提升，强调语文学科独特价值。但过度强调"双基"使语文课程沦为追求效率的工具，形成"三中心"模式，学生被动接受知识，个性被掩盖。导致知识灌输与机械训练，脱离现实生活情境。加拿大学者泰德·奥凯曾指出："在以效率为主导的课程世界中，教师和学生的生活世界被忽视了。"[②]这一观点深刻揭示了当前语义教育面临的主要问题，即"生活世界"的缺失。这种缺失不仅削弱了语文教学的生命力，还导致了师生在课程体验中的情感疏离，成为语文教育亟待解决的重要课题。

---

① 课程教材研究所.20世纪中国中小学课程标准·教学大纲汇编·语文卷[S].北京：人民教育出版社，2001：195.
② 钟启泉.对话教育：国际视野与本土行动[M].上海：华东师范大学出版社，2006：12.

（四）21世纪以来20年语文课程标准：人文素养价值取向（2001年至今）

自1997年，"傅苏"大论争引领语文教育变革，强调全面发展。这股新风驱散知识灌输阴霾，开启语文教育新篇章。进入21世纪，基础教育迎来全面课改。2000年，三份语文教学与课程标准文件出台，指明改革方向。文件强调学生发展与健全人格，体现教育关怀。《全日制义务教育语文课程标准（实验稿）》首提语文素养，奠定语文课程个人价值取向基础。

时间流转至2003年，《普通高中语文课程标准（实验）》出台，强调提高学生语文素养。语文课程关注人文精神与人的全面发展，"素养"成为高频词汇，标志着价值取向的转变。随着改革深入，《义务教育语文课程标准（2011年版）》与《普通高中语文课程标准（2011年版）》问世，明确"三维"总体目标：知识与能力、过程与方法、情感态度与价值观。这一目标是对"双基"的超越，整合知识、能力、态度，指向提高学生语文素养。语文教育注重全面发展，强调自主、合作、探究的学习方式，促进学生心灵成长。

2018年，教育部颁布并实施《普通高中语文课程标准》，亮点在于提出"语文核心素养"概念，统领课标编写，响应"立德树人"，落实"学生发展核心素养体系"。此概念关注学生心灵与精神发展，强调情感体验与自由发展空间，致力于培养全面发展的人。

然而，实际教学中存在问题。部分教师因追求升学率，仍采用传统教学方式，导致学生被动学习。因此，需努力探索如何更好地落实课标价值取向，确保学生在语文学习中获得全面发展。

二、语文课程标准价值取向的演进逻辑

在审视过去一个多世纪中语文课程标准价值取向的发展与演变过程时，可以清晰地观察到，社会价值取向、知识价值取向以及个人价值取向这三大

维度始终交织并驱，共同推动着语文课程标准的进步。这一历史进程深刻烙印着时代的变迁，每一阶段的变革都映射出特定历史时期的鲜明特征。

具体而言，自20世纪初起，"实用主义"思潮的兴起标志着语文课程标准开始关注其实用性与社会功能，体现了鲜明的社会价值取向。随后，在新中国成立后的30年间，语文课程标准深受国家政治变革的影响，呈现出"政治教化"的显著特征，社会价值取向在此期间占据主导地位。进入改革开放新时期后，随着社会经济的蓬勃发展和思想解放的深入，语文课程标准逐渐转向"知识本位"，强调知识传授与技能培养的重要性，知识价值取向逐渐凸显并占据主导地位。进入21世纪后，特别是近20年来，随着全球化的加速和人文精神的回归，语文课程标准更加注重学生人文素养的培养，个人价值取向成为新的主导力量。这一过程不仅反映了社会对教育目标的多元化期待，也体现了语文课程标准在价值取向上对个体全面发展的重视。

百余年来语文课程标准价值取向的演进历程深刻揭示了社会改革发展对课程标准制定的深远影响。这一过程既体现了课程标准研究的明线——即随着社会变迁而不断调整的价值取向；也隐含了课程标准研制的暗线——即对教育本质、人的全面发展等深层次问题的持续探索与关注。因此，对语文课程标准价值取向的历史反思应从这三个方面入手，以期为未来课程标准的制定提供有益的借鉴与启示。

（一）语文课程标准价值取向以社会价值为纲

语文课程的社会价值取向，犹如一面镜子，不仅映照出时代的波澜壮阔，更深刻地烙印着国家主流意识形态的鲜明印记。这一价值取向，如同一条蜿蜒曲折的河流，历经百余年的沧桑巨变，始终与国家的政治、经济、社会变迁紧密相连，共同绘制出一幅幅波澜壮阔的历史画卷。

意识形态，这一深邃而复杂的概念，是人们在特定经济基础上对世界和社会的系统性认知与见解的集中体现。它涵盖了哲学、政治、艺术、宗教、道德等多个领域，是社会精神生活的核心与灵魂。而国家主流意识形态，则是在特定时期内，居于国家主导地位，引领社会思潮，推动社会进步的重要力量。它源于社会普遍存在的价值观念与信仰体系，是国家精神风貌与文化底蕴的集中展现。

回顾语文课程标准价值取向的百余年发展历程，我们不难发现，其社会价值始终随着主流意识形态的转换而不断演进。从20世纪初的"实用主义"到1949年后30年的"政治教化"，再到改革开放20年间的"四有"新人培养，直至21世纪20年的"立德树人"教育目标，语文课程的价值取向始终紧密围绕国家主流意识形态，不断适应时代发展的需要，为国家培养了一代又一代的优秀人才。

作为母语课程，语文不仅承载着知识传递的重任，更肩负着思想教育的使命。它不仅是文化特性的生动体现，更是国家权力的象征与表达。例如，在中华人民共和国成立初期的语文课程标准中，我们可以看到大量关于革命英雄事迹、爱国主义精神的篇章与内容。这些篇章不仅丰富了语文课程的内涵与外延，更在潜移默化中激发了青少年的爱国情怀与民族自豪感。而在改革开放后的语文课程标准中，则更加注重对学生创新精神与实践能力的培养与提升。通过引入大量反映时代变迁、科技进步的文学作品与科普知识，引导学生关注社会现实、思考未来发展方向。

（二）语文课程标准价值取向以知识价值为根

语文课程标准，作为我国教育体系中的一颗璀璨明珠，其价值取向深深植根于语文学科的内在特质和思维规律。这一学科的核心在于"学习语言文字运用"，旨在挖掘和弘扬学科本质属性的知识价值。自语文学科独立设科以来，我们逐步构建起了一套系统化的语文知识体系，学科知识及其思维逻辑的演变，如同一条历史的长河，流淌着语文课程标准知识价值取向的发展脉络。

在语文课程的知识内容层面，我们见证了语文知识从零散无序到有序整合的演变。从最初的"八字宪法"——字、词、句、篇、语、修、逻、文，到如今涵盖语言学、文学、文化学等多层面的语文知识，这一过程不仅丰富了语文科学知识的内涵，也极大地拓宽了语文学习的边界。这些知识如同一座座桥梁，联接着个体与社会，过去与未来，使学生在探索中理解语言的奥秘，感受文字的力量。

在教学方法上，语文学科始终注重通过口语与书面语的实践，阅读与写作的训练，激发学生对语言运用的深度理解和创新思维。教师引导学生在听、说、读、写的互动中，逐步掌握语言的规律，深化对语文知识的本体理解，从而培养出能够独立思考、善于表达的现代公民。

作为母语教育的重要载体，语文课程标准始终关注其在认识世界、塑造人格中的基础作用。它以语言文字为工具，引导学生在实践中积累语言经验，探索有效的学习方法，进而自主地发展语文核心素养，如语言能力、思维品质、文化意识和学习策略等。

在新时代的背景下，语文课程标准更应坚守其知识价值取向，以经典选文为载体，以语文实践活动为平台，让学生在与文本的对话中感受文化的魅力，通过与同伴的交流中提升思维的深度，从而实现个体的全面发展。在这个过程中，语文不仅是一种工具，更是一种文化的传承，一种思维的锻炼，一种人格的塑造，是连接个体与社会、传统与现代的重要桥梁。

（三）语文课程标准价值取向以个人价值为本

语文课程标准价值取向的百年演进，不仅是一段历史的回顾，更是教育理念的深刻变革与升华。这一过程，犹如一幅波澜壮阔的画卷，缓缓展开在我们面前，展现了语文课程如何逐步回归其主体位置，如何促进每一个主体全面而自由地发展。

回望过去的百年，语文课程标准的价值取向经历了从社会到知识，再到个人的深刻转变。改革开放前的80年，国家正处于风雨飘摇、百废待兴的关键时期，语文课程的价值取向不可避免地被打上了深深的社会烙印。那时的语文课程，更多地被赋予了服务于社会改革和社会建设的重任，其外在的社会功能被无限放大，而对学生个体成长的关注则相对不足。然而，正是这种特殊的历史背景，为后来语文课程价值取向的转变埋下了伏笔。

随着改革开放的春风拂遍大地，社会思想逐渐开放，人们的视野也变得更加宽广。在这一时期，语文课程的价值取向开始发生微妙的变化。人们开始意识到，语文课程不仅仅是社会改革的工具，更是学生获取知识、提升素养的重要途径。因此，语文课程的价值取向逐渐转向知识价值取向，强调语文课程的知识体系和学科发展。这一转变，无疑为语文课程的深入发展注入了新的活力，但也暴露出了一些问题。比如，过分强调知识体系的完整性和学科发展的独立性，导致语文课程在一定程度上忽视了对学生个体成长的关注。

21世纪后，随着全球化进程的加速和国际教育观念的深入影响，语文课程的价值取向再次发生了重大转变。回顾这百余年的发展历程，我们可以清晰地看到语文课程价值取向的演变轨迹：从社会价值取向到知识价值取向再到个人价值取向。这一演变过程不仅反映了教育理念的深刻变革和升华，更体现了人们对教育本质和目的的认识不断深化和拓展。在这个过程中，语文课程逐渐消解了工具理性、摆脱了外在功能和学科限制、真正回归到了对教育培养"人"这一根本问题的关注上来。这种转变不仅有利于促进学生的全面发展和个性成长，更有利于推动教育事业的持续进步和发展。

正如有学者所言："教育的对象始终是人或者说教育的所有其他价值是在实现人的价值基础上表现出来的。"[①]百余年语文课程价值取向的发展演进正是对这一观点的最好诠释。在这个过程中我们深刻认识到：只有真正关注人的成长和发展、才能真正实现教育的终极目的——促进人的全面而自由发展。而语文本体价值取向的凸显正是实现这一目的的重要途径之一。它要求在语文教学中不仅要注重知识的传授和技能的训练，更要关注学生的情感体验、人格塑造和价值引领等方面的工作。只有这样语文教育才能培养出既有扎实的知识基础又有高尚的道德情操、既有创新精神又有实践能力的新时代人才。

---

① 王坤庆.论教育价值中人的价值地位[J].华东师范大学学报（教育科学版），1991（2）：51.

三、语文课程标准价值取向变迁的启示

(一)语文课程标准价值取向须在历史与现实的交汇中增强文化自信

全球化推动教育现代化,革新技术,塑造价值体系,构建多元文化生态。语文课改需平衡文化异质多元。应遵循习近平新时代中国特色社会主义思想,具备历史意识与时代精神,应对历史与现实挑战。

《普通高中语文课程标准(2017年版2020年修订)》将"文化传承与理解"列为核心素养,体现了对语文课程价值的精准把握,课程标准应吸纳历史智慧,结合新时代背景,实现文化融合。

我国正处于社会转型的关键时期,多元价值观念的并存与冲突成为不可回避的现实。在这样的背景下,语文课程知识体系的构建必须充分考虑地域文化的多样性、民族文化的丰富性,以及不同社会阶层学生的实际需求。我们不仅要让语文课程成为传承中华文化的重要载体,还要使其成为促进文化交流与理解的桥梁。通过语文学习,学生们能够跨越地域、民族的界限,共同构建一个和谐共生的"语文生活"空间。

为了实现这一目标,政府部门作为语文课程价值倡导的主体,必须自觉履行行政责任伦理,确保课程标准的制定能够兼顾不同区域、不同阶层学生的利益诉求。同时,建立健全外部监督机制也是保障课程标准有效实施的关键。只有这样,才能确保语文课程标准的价值取向始终以学生为中心,以促进学生全面发展为最终目标。

在历史与现实的交汇点上,语文课程标准的研制还需要深入挖掘传统经典选文的价值内涵,通过语言文字的学习,引导学生们浸润于优秀文化的海洋之中。这些经典选文不仅承载着中华民族的历史记忆和文化基因,更蕴含着丰富的思想智慧和道德力量。通过它们,学生们可以更加深刻地理解中华文化的精髓和魅力,从而树立起坚定的文化自信。

综上所述,全球化背景下的语文课程改革是一场深刻的文化变革。在这场变革中,需要以习近平新时代中国特色社会主义思想为指导,以历史意识

与时代精神为双翼，努力构建一个既具有中国特色又符合世界潮流的语文课程价值体系。只有这样，我们的教育才能培养出具有深厚文化底蕴、宽广国际视野和坚定文化自信的新时代接班人。

（二）语文课程标准价值取向须在民族与世界互动中坚守学科本位

回望历史长河，语文课程标准的价值取向经历了从20世纪初的"实用主义"萌芽，到中华人民共和国成立后的前30年间"意识教化"的强化，再到改革开放20年间"知识本位"的深入探索。这一系列的变迁，不仅反映了时代对教育需求的变迁，也彰显了语文学科本质属性的逐步深化。从最初的"工具说"，强调语文作为沟通交流的工具性，到后来"工具性与思想性统一"的提出，语文教育的内涵得到了极大的丰富和拓展。

然而，进入21世纪的第二个十年，面对全球化与信息化的双重冲击，语文课程标准的价值取向再次迎来了新的调整。这一次，它更加突出了"人文素养"的重要性，倡导在随文学习中自然而然地掌握语文知识，而非刻意追求知识的系统与完整。这一理念虽旨在减轻学生的学习负担，却也在一定程度上引发了"淡化知识"甚至"去知识化"的误解。为此，新的统编语文教材应运而生，通过"双线组织"的单元结构，巧妙地调和了"工具论"与"人文论"之间的争议。

具体而言，"双线组织"的单元结构以宽泛的"人文主题"为经，以明确的"语文要素"为纬，将原本零散的知识点编织成一张紧密联系的知识网。这些知识点由浅入深地分布在单元导语、习题设计、语文园地等各个环节中，形成了一条清晰的学习线索。这种设计不仅有助于学生更好地理解文本背后的文化内涵和人文精神，还能在潜移默化中提升他们的语言文字运用能力。

语文不仅是语言表达工具，更是民族生存方式，承载历史记忆、文化基因和精神追求。语文教育首要任务是引导学生熟练运用和表达民族语言。通过语文活动，师生积累语言形式、理解内容、运用知识，提升语文素养。语文课程标准应坚守学科知识本位，尊重语言规律，通过师生互动唤醒言语意识，习得语言逻辑，生成民族话语体验，继承发扬传统文化，实现民族身份的认同。

（三）语文课程标准价值取向要在传统与现代融合中凸显人本思想

在新时代的浪潮中，教育领域正经历着前所未有的变革，其中，语文课程的价值取向作为引领教育方向的重要航标，其重要性愈发凸显。为适应这一时代对教育高质量发展的迫切需求，语文课程的价值取向在兼顾社会价值取向与知识价值取向的同时，更需深刻凸显个人价值取向，将关注的焦点牢牢锁定在人本身，致力于培养全面发展、具备高度社会责任感与深厚文化底蕴的新时代公民。

在语文课程标准的研制过程中，我们应秉持价值理性的原则，将"人的发展"视为教育的终极价值追求。这意味着，语文课程不仅要成为传承与弘扬中华民族优秀传统文化的载体，更要成为促进学生个性化成长、实现自我价值的重要平台。社会价值取向方面，语文课程需紧密贴合社会发展改革的步伐，积极吸收国内外最先进的语文课程知识与教学理念，引导学生在发挥主体性的基础上，通过母语学习深入领略语言文学的魅力，同时，将所学知识内化为自身素养，外化为参与社会、改造世界的实际行动。这一过程中，语文课程不仅是知识的传递者，更是学生连接过去、现在与未来的桥梁，通过经典选文的阅读与解析，帮助学生构建起对中华民族命运共同体的深刻认知，为成为新时代的社会主义建设者和接班人奠定坚实的基础。[①]

当然，语文课程的个人价值取向并非孤立无援的孤岛，它需要与社会价值取向和知识价值取向相辅相成、相互促进。在知识价值取向方面，语文课程应始终关注语文课程知识的发展动态与前沿成果，及时将先进的语文课程知识融入课程标准与教学实践之中。但与此同时，我们也不能忽视师生的主体性地位与社会现实的需求。毕竟，学生生活在当下的社会中，他们的成长

---

① 李广.语文教科书本体价值阐论[J].教育研究，2021（1）：81–82.

与发展必然受到社会环境的影响与制约。因此，语文课程在传授知识的同时，也应注重引导学生关注社会现实、思考社会问题，培养学生的社会责任感与使命感。

第三节　我国中学语文教学流派的形成与发展

自1978年党的十一届三中全会召开以来，我国正式步入改革开放的新纪元，这一历史性转折在政治、经济、文化、教育等多个领域均引发了深刻变革。在此背景下，中学语文教学领域也积极响应时代号召，着手实施一系列改革举措，旨在根除既有弊病，推动中学语文教育的稳健前行。

在此过程中，一批勇于担当、锐意创新的中学语文教育工作者脱颖而出，他们在教学理念、教学模式及教学风格上独树一帜，展现了非凡的改革精神与创新能力。这些杰出教师的引领，不仅激发了中学语文教学的活力，还催生了一系列特色鲜明的中学语文教学流派，标志着中学语文教学逐步迈向成熟与完善的阶段。下面将聚焦于中学语文教学流派这一议题，通过深入剖析其内涵、特点及其形成过程，以期为中学语文教学的未来发展提供有益的启示与借鉴。

一、中学语文教学流派的形成原因分析

中学语文教学流派，以特定教学思想为基础，经长期实践形成独特认知体系及广泛影响力的学术群体。这是中学语文教学繁荣的标志，也是我国中学语文教学发展的体现。其形成非偶然，根植于社会发展，与时代进步紧密相连，是教学改革深化的结果，也是教师探索与追求的结晶。主要归因于两

大方面因素的共同作用。

（一）中学语文教学流派形成的内部原因

中学语文教学流派的形成有其内部原因，其中较为重要的原因有以下几个。

1.鲜明的教学主张促进了中学语文教学流派的形成

在中学语文教育的广阔天地里，教学流派的崛起并非偶然，而是根植于每一位教育者的深厚情怀与不懈探索之中。他们在教学实践中，勇于突破传统束缚，敢于创新教学方法，逐渐凝练出了各自鲜明的教学主张。这些主张，犹如一面面鲜明的旗帜，引领着广大师生在知识的海洋中遨游，探寻语文学习的真谛。具体而言，这些教学主张体现在代表人物的论文、著作及教学实践之中，它们或强调"以人为本"，关注学生的个体差异与全面发展；或倡导"读写结合"，注重培养学生的阅读能力与写作素养；或推行"情境教学"，让学生在生动的情境中感受语言的魅力与力量。这些主张不仅丰富了中学语文教学的内涵，更为学生的全面成长提供了有力的支撑。[①]

透过这些鲜明的教学主张，我们能够更加清晰地认识到中学语文教学不同流派之间的异同与特色。例如，"人本语文"流派强调学生的主体地位，鼓励学生主动参与、积极探索，旨在培养具有创新精神与实践能力的人才；而"读写共生"流派则注重阅读与写作的有机融合，通过大量的阅读积累与写作实践，提升学生的语文综合素养。这些流派虽然各有侧重，但都在为提升中学语文教学的质量与效率贡献着自己的力量。

2.有效的教学模式促进了中学语文教学流派的形成

教学模式，作为连接教学理论与实践的纽带，其重要性不言而喻。它不仅是理论在实际操作中的具体体现，能够为教学活动提供直接的指导，同时也将实践经验提炼为理论，推动教学理论的深化与创新。教学模式的探索与实践，是教育领域中不断求索、不断优化的过程，它为教学活动注入了活力

---

① 周茹.论当代语文教学流派的形成和发展[D].苏州：苏州大学，2011：19.

与智慧。以中学语文教学为例,众多富有成效的教学模式应运而生,对教学流派的形成起到了关键作用。如魏书生提出的"课堂教学六步法",即定向、自学、讨论、答疑、自测、自结,这一模式强调学生的主体地位,注重培养学生的自学能力和独立思考能力,极大地丰富了语文教学的实践。①

3.独特的教学风格促进了中学语文教学流派的形成

中学语文教学孕育出各种各样的教学流派,每个流派都有其代表性的教师,他们在长期的教学实践中,如同雕刻家塑造雕塑一样,逐渐磨砺出自己独特的教学风格。这种教学风格的形成是一个复杂而微妙的过程,它既受到教师内在因素的深刻影响,也受到外在环境的微妙塑造。

首先,教师的个性特征。有的教师天生热情洋溢,他们善于激发学生的情感,引导他们在文字的世界中体验喜怒哀乐,这种教学风格可被定义为情感型,使语文教学充满活力。而有的教师则更倾向于内敛和深思,他们注重逻辑和理性,善于引导学生进行严密的思维训练,形成严谨型的教学风格,使语文教学严谨有序。

其次,教师的知识积累和能力水平。深厚的文学素养和广博的知识视野,使教师能够从多角度解读文本,引导学生深入探索语文的奥秘。而出色的教学能力则能使教师灵活运用各种教学方法,使课堂生动有趣,吸引学生的注意力。

最后,教师的个人修养和教学追求。教师的道德品质、人生观、价值观等都会在教学中自然流露,影响学生的人格成长。同时,教师的教学理念和目标,如注重培养学生的创新思维,或是强调传统文化的传承,都会在他们的教学实践中得以体现,形成独特的教学风格。

4.代表人物的积极活动促进了中学语文教学流派的形成

中学语文教学流派的形成,是一个复杂而富有活力的过程,它与那些在教育领域中积极进取、开拓创新的代表人物的贡献密切相关。这些代表人物的影响力,主要体现在以下两个关键方面。

首先,他们是中学语文教学改革的积极推动者。中学语文教学流派的

---

① 张正君.当代语文教学流派概观[M].北京:中国社会科学出版社,2000:553.

诞生，源于教师对传统教学模式的反思和对新教学理念的探索。以魏书生为例，他的语文教学管理改革实验，大胆创新，将管理学的理论引入语文教学，打破了原有的教学框架，为中学语文教学的管理派奠定了坚实的基础。这种敢于挑战、勇于创新的精神，是中学语文教学流派形成的重要推动力。

其次，代表人物的学术研究成果丰富了教学理论。他们的科研论文和著作，是教学理念和方法的载体，通过文字，他们将独特的教学思想传播给更广泛的教育工作者。这些理论成果不仅丰富了中学语文教学的理论体系，也为其他教师提供了教学实践的参考和启示，从而在更大程度上推动了中学语文教学流派的形成和发展。

（二）中学语文教学流派形成的外部原因

在中学语文教学流派的形成历程中，内部促进因素固然重要，但外部的积极力量更是不可或缺。这些外部力量，如同春风化雨，滋养着教学流派的萌芽，使其茁壮成长。接下来从多个维度深入剖析推动中学语文教学流派形成的外部动因。

1.改革开放的时代浪潮

改革开放不仅是中国经济发展的转折点，也是教育领域革新的重要契机。随着国家工作重心转向社会主义现代化建设，教育领域迎来了前所未有的发展机遇。语文教育，作为传承文化、启迪智慧的重要载体，其改革步伐也显著加快。在这一背景下，中学语文教学改革犹如一股清新的春风，吹遍了大江南北，激发了广大教师探索创新、追求卓越的激情。正是这种时代动因，为中学语文教学流派的形成提供了肥沃的土壤。

2.语文教学改革的深入

改革开放后，对以往语文教学弊端的深刻反思与批判，成为语文教学改革的起点。长期以来，语文教学存在的"填鸭式"教学、重知识轻能力等问题，引起了社会各界的广泛关注。为了改变这一现状，全国范围内掀起了一股轰轰烈烈的语文教学改革浪潮。在这场改革中，许多中学语文教师勇于探索，敢于创新，逐渐形成了各自独特的教学风格和理论体系，从而催生了众多中学语文教学流派。

3.社会各界力量的鼎力支持

中学语文教学流派的形成与发展,离不开社会各界的支持与推动。广泛的媒体传播、有力的行政推广以及研究组织的活动,共同构成了推动语文教学流派形成的重要外部力量。

(1)广泛的媒体传播

在信息爆炸的时代,媒体的力量不容小觑。各大媒体平台通过报道、专访、讲座等形式,将中学语文教学流派的先进理念和实践经验传播给更广泛的受众。这种传播不仅提高了教学流派的知名度,也为其吸引了更多的追随者和支持者。

(2)有力的行政推广

政府及教育行政部门的支持与推广,是中学语文教学流派形成的重要保障。通过制定相关政策、组织教师培训、评选优秀教学成果等方式,行政部门为教学流派的传播与发展提供了强有力的支持。这种支持不仅促进了教学流派的规范化发展,也增强了其在教育领域的影响力。

(3)研究组织的活动

各类教育研究组织通过举办研讨会、论坛、展览等活动,为中学语文教学流派的交流与发展搭建了平台。这些活动不仅促进了教学流派之间的交流与碰撞,也为其提供了展示成果、吸纳新思想的机会。正是这些活动的持续开展,使中学语文教学流派得以不断完善和发展。

二、丰富多样的中学语文教学流派

(一)中学语文教学情感派

1.中学语文教学情感派的形成与发展

在中学语文教学的浩瀚星空中,情感派犹如一颗璀璨的新星,在改革开放的春风中熠熠生辉,其诞生不仅标志着中学语文教育进入了一个崭新的纪

第一章 绪 论

元,更是教育改革浪潮中一朵独特的浪花。这一流派的兴起,深深植根于中学语文教学改革的黄金时代,是当代中学语文教育复兴时期的一朵奇葩。在党的十一届三中全会后,随着国家大门的开放和思想的解放,中学教育迎来了前所未有的发展机遇,而语文教学作为培养学生人文素养、情感认知的重要阵地,更是在这场复兴大潮中扮演了关键角色。

改革开放的浪潮不仅带来了经济的腾飞,也促进了教育观念的深刻变革。广大中学语文教师的思维方式开始发生转变,他们不再局限于传统的"填鸭式"教学,而是更加注重学生的情感体验和审美能力的培养。这种思维方式的转变,为中学语文教育的复兴提供了肥沃的土壤,也为情感派的诞生奠定了坚实的基础。中学语文教师们,以满腔的热情和执着的爱,投身于教学改革之中,他们深知自己肩负的使命,不仅要传授语文知识,更要通过语文教学,塑造学生健全的人格,培养他们的情感世界。

在此背景下,中学语文教学情感派兴起。该流派基于教师素质与热爱,各展所长。部分教师普通话标准,读写扎实,教授文艺作品时,以优美朗读和生动讲解打动学生。此方式让学生感受语言魅力,情感受熏陶,形成独特情感派教学风格。在这一流派的形成过程中,于漪老师无疑是一位杰出的代表和领军人物。[①]她因学术功底、教学经验和独特风格成为情感派代表人物。于漪老师认为,语文教学不仅是传授知识,更是塑造人格、培养情感。她强调打好语言文字和做人的基础,用热情滋润学生心田,让他们坚定信念,清晰认识生活中的善恶美丑。这种深刻理解和深切关爱,使她的教学充满情感和生命力,成为情感派典范。《语文教苑耕耘录》出版,标志着情感派教学正式诞生。该书记录于漪老师的教学经验和心得,展现她对语文教学的热爱和追求。书中流光溢彩的文学作品讲解,枯燥课文中的丰富情感,都体现了情感派教学的独特魅力和影响。在于漪老师之后,情感派教学风格涌现出欧阳代娜、吕志范、程翔等代表教师。他们各展所长,推动情感派教学发展。欧阳代娜强调"美""巧""活""实",吕志范主张"形象感染""哲理昭示""美育诱导",程翔则以感染力强著称。虽教学理念和方法各异,但都

---

① 于漪.语文教苑耕耘录[M].福州:福建教育出版社,1984:41.

体现了情感派教学的核心——以情感人、以情育人。

这些优秀教师的涌现不仅丰富了情感派教学风格的内涵也推动了中学语文教学改革的深入发展。他们用自己的教学实践证明了情感派教学风格的独特魅力和深远影响，也为广大中学语文教师提供了宝贵的教学经验和启示。在未来的日子里我们有理由相信，随着教育改革的不断深入和广大中学语文教师的共同努力，中学语文教学情感派必将绽放出更加绚丽的光彩，为培养更多具有高尚情操和深厚人文素养的优秀人才贡献自己的力量。

2.中学语文教学情感派的特点

中学语文教学情感派，作为教育领域中的一股独特流派，其核心理念在于强调"情"的力量，即重视在中学语文教学中情感因素的渗透与影响。这一派别的教师们，如同慈母般关爱着每一个学生，以情感为桥梁，激发学生的学习热情，引导他们走向知识的殿堂。以下更深入地探讨这一教学风格的几个主要特点。

（1）教师对学生的关爱如同慈母。他们对待学生的态度充满了温暖和关怀，这种情感使他们在教学中展现出无比的耐心和修养。以著名语文教师于漪为例，她以无比的耐心和毅力，不厌其烦地手把手教导每一个学生，这种无私的付出，正是中学语文教学情感派教师对学生关爱的生动写照。

（2）情感派教师注重以情感染学生。他们深信情感在教学中的催化作用，通过自身饱满的热情和生动的教学方式，激发学生的情感共鸣。例如，教师在讲解课文时，会通过深情的朗诵，或是富有激情的语言分析，引导学生进入课文的意境，使他们在美的享受中提升情感体验，进而深化对知识的理解。

（3）教师善于对学生进行情感诱导。他们懂得如何在教学过程中，巧妙地引导学生的情感，使他们在接受知识的同时，也能接受真善美的熏陶，摒弃不良的影响。教师会引导学生分析文章的结构，掌握分析问题的方法，同时也会引导他们学习文章的写作技巧，培养他们的批判性思维和创新能力。

3.中学语文教学情感派的教育思想

中学语文教学情感派的教育理念，始终将情感与教育紧密相连，强调教师的热爱、全方位地培养以及对学生的熏陶与感染。这些教育思想的核心在于，以情感为纽带，构建和谐的师生关系，从而激发学生的学习兴趣，促进他们的全面发展。

首先,教育事业基于热爱。情感派语文教学强调教师热爱学科、关怀学生,激发学生求知欲,促进师生情感交流,实现教育目标。

其次,情感派教学采用全方位策略,注重知识传授、能力培养和思想教育。教师引导学生掌握学习方法,培养思考能力,通过质疑和辨疑提升思维与语言能力。

再次,情感派教学重视心灵熏陶。以于漪老师为例,通过娱乐、动情、激思、励志等方式,培养学生道德情操和人文素养,塑造健康人格。

最后,教学语言在情感派教学中占据着举足轻重的地位。教师的语言应清晰明了,具有逻辑性,以便学生准确理解知识;同时,语言应生动有趣,能激发学生的学习兴趣,活跃课堂氛围;教师的语言还应富有变化,通过比喻、设问、反问等手法,引导学生进行深度思考,激发他们的情感共鸣。

(二)中学语文教学思维派

1.中学语文教学思维派的形成与发展

20世纪末,教育改革强调培养21世纪创新人才。改革核心理念为减轻课业压力,提升效率,激发学生乐学与创造性思维。宁鸿彬老师为关键推动者,预见未来社会需要创新人才。他提出培养创新人才的教育观,发展"创造性"教学理论,推动改革。1989年,《面向未来,改革语文教学》出版,标志流派诞生。宁老师继续深化教育,融入世界观与方法论,指导实践。他深入基层指导改革,成效显著。努力丰富流派理论,吸引教师加入,推动中学语文教学思维派发展。

2.中学语文教学思维派的特点

中学语文教学思维派,以其前瞻性的教学理念和创新性的教学实践,成为教育领域中的一股重要力量。这一派别的特点主要体现在超前性、创造性方面,旨在培养适应未来社会需求的创新型人才。

(1)超前性是中学语文教学思维派的核心特征之一。他们强调教师应具备前瞻性的视野,以未来为导向进行教学设计。在当前快速变化的社会背景下，中学语文教师不仅要传授知识，更要预测未来社会对人才的需求，如跨文化交际能力、创新能力等，并据此设计教学内容和方法，以帮助学生提前适应未来挑战。

（2）创造性是这一派别教学理念的又一重要体现。21世纪是知识更新迅速的时代，对人才的创新能力提出了更高的要求。因此，中学语文教学思维派的教师们致力于培养学生的创造性思维，他们在教学中以课文为载体，通过多元化的教学手段，如案例分析、问题解决等，激发学生的创新思维，鼓励他们从不同角度、多层次地理解和解决问题，培养他们的独立思考和批判性思维能力。

3.中学语文教学思维派的教育思想

中学语文教学的思维派教育理念，大致可归纳为以下若干要点。

（1）未来教育观

未来教育观，作为中学语文教学思维流派的基石，不仅指导着教学的实践与改革，更是在为21世纪塑造创新人才的道路上，为教师们提供了前瞻性的视角和策略。教育，其本质是为未来播种，因此，教师的角色远不止于知识的传递者，他们需要具备全面的素养，包括深厚的知识结构、高尚的道德品质、卓越的教学技巧、敏锐的教育洞察力以及持续的教研能力。[1]

然而，面对日新月异的社会变迁，新知识如潮水般涌现，新技术以指数级的速度发展，我们无法精确预测未来社会的全貌。尽管如此，可以预见的是，未来的社会竞争将更加侧重于智力和创造力的较量，这是一场关于人才质量的竞赛。在知识经济的时代，人才是推动社会进步的关键力量。

（2）创造性思维教育理论

在21世纪的教育大背景下，中学语文教学思维派强调，未来的社会需要的是具备创新精神和独特思考能力的人才。这种创造型人才的核心特质，就是他们能够对已知或未知的事物进行前所未有的探索和思考，从而推动社会的进步和发展。因此，教师在语文教学中，不仅要传授知识，更要注重对学

---

[1] 宁鸿彬，王云峰，张鹏举.宁鸿彬中学语文教学改革探索[M].济南：山东教育出版社，1997：128.

生创造性思维能力的培养，以适应日新月异的时代需求。

宁鸿彬老师，中学语文教学思维派代表，提出创造性思维教育理论，涵盖三方面：创造性思维、创造性能力和创造性思维训练。[①]

创造性思维是创新源泉，提出新颖独特观点或解决方案，需教育和训练培养。评估创造性看是否能提出前所未有的设想并解决问题。

创造性能力指提出新思想或新事物的能力，教育应培养此能力，让学生挑战现状，提出新观点。

创造性思维训练是重要途径，教师须在教学中引导学生运用创造性思维进行听、说、读、写，融入各环节。通过训练，学生创造性思维能力全面发展，展现创新能力和智慧。

（3）"宁氏教学三原则"

在中学语文教学的浩瀚星空中，宁鸿彬老师倡导的"宁氏教学三原则"，不仅是中学语文教学思维派中的瑰宝，更是培养学生独立思考与创造性思维能力的金钥匙。

"三不迷信"：破茧成蝶的独立思考之旅

"三不迷信"——不迷信古人、不迷信名家、不迷信老师，这一原则如同一股清新的风，吹散了学生心中的迷雾，让他们勇敢地迈出独立思考的第一步。在这个信息爆炸的时代，古人的智慧、名家的权威、老师的教诲固然值得尊敬与学习，但过度的迷信却会束缚学生的思想，扼杀他们的创造力。

"三个欢迎"：激发学习主动性的催化剂

"三个欢迎"——欢迎质疑、欢迎发表与教材的不同见解、欢迎发表与教师的不同见解，这一原则如同一剂强心针，极大地激发了学生的学习主动性。它告诉学生，课堂不是教师的一言堂，而是师生共同探索未知的舞台。在这里，每个学生都有权表达自己的看法，即使这些看法与教材或教师的观点不同，也应得到尊重和鼓励。

"三个允许"：守护学生自尊心的温暖港湾

[①] 宁鸿彬，王云峰，张鹏举.宁鸿彬中学语文教学改革探索[M].济南：山东教育出版社，1997：128.

"三个允许"——允许说错做错、允许改变观点、允许保留意见,这一原则如同一座坚固的堡垒,守护着学生的自尊心和人格尊严。这种尊重与理解极大地增强了学生的自信心和自尊心,让他们更加勇敢地面对学习中的挑战和困难。

(三)中学语文目标教学派

1.中学语文目标教学派的形成与发展

目标教学模式的根基深深扎根于美国教育心理学家本杰明·布鲁姆的教育目标分类学理论之中。布鲁姆的理论以其严谨的体系、科学的分类方法,为教育目标的设定与评估提供了坚实的理论基础。然而,我国教育界并未盲目照搬,而是在充分理解其精髓的基础上,结合我国中小学教育的实际情况,特别是语文学科的独特性,进行了创造性的融合与转化。中学语文目标教学派的诞生,正是这一融合与创新过程的结晶。

回溯其发展历程,我们可以清晰地看到,目标教学最初是在中学理科教学中试水并取得显著成效的。然而,武镇北老师却独具慧眼,他敏锐地意识到这一教学模式在语文教学中的巨大潜力。[①]经过数年的潜心研究与反复实验,他终于成功地将目标教学模式引入语文教学,为中学语文教育带来了一股清新的风。随着龙继文等编著的《中学语文目标教学设计与实施》一书的出版,中学语文目标教学派正式宣告成立,其影响力迅速波及全国。

然而,任何新兴事物的诞生都伴随着质疑与挑战。中学语文目标教学派也不例外。有人批评其不顾语文教学自身的特点,盲目套用布鲁姆的理论,导致课文被肢解、整体美被破坏;有人指责其引发了题海战术的泛滥,加重了学生负担;还有人认为其与传统教学并无本质区别,只是换了一个时髦的标签而已。面对这些质疑与批评,中学语文目标教学派的代表性老师们并未选择回避或辩解,而是以一种开放包容、正视反思的态度去审视自身存在的问题与不足。他们认真听取他人的意见与建议,将其视为推动目标教学改革

---

① 武镇北.目标教学新探[M].北京:北京大学出版社,1995:25.

与完善的动力源泉。

在这一过程中，武镇北老师等代表人物更是通过发表一系列著作来阐述中学语文目标教学派的特点、教育思想及其实践经验。其中，《目标教学新探》一书尤为引人注目。这部著作不仅系统阐述了目标教学的理论基础与实践方法，还深入剖析了其在语文教学中的具体应用与成效。它的问世不仅为中学语文目标教学派的发展提供了强有力的理论支撑与实践指导，更激发了广大教育工作者对这一教学模式的浓厚兴趣与深入探讨。

在正视反思与不断完善的过程中，中学语文目标教学派逐渐走向成熟与深化。它不再仅仅是一种教学模式的尝试与探索，而是成为一种具有鲜明特色与独特魅力的语文教学流派。其影响力不仅局限于中学教育领域内部，更辐射到了更广泛的社会层面。它让更多的人开始关注语文教育、思考语文教育的未来发展方向；它也让更多的教育工作者意识到教育创新的重要性与紧迫性。

2.中学语文目标教学派的特点

中学语文目标教学派以教学目标为核心，注重创新，对传统教育模式进行了深入的改革和优化。

（1）以教学目标为核心是中学语文目标教学派的基石。武镇北老师对此有深入的阐述，他认为教学目标是教师对学生期望的、具体可操作的教育结果，它不仅包括知识的传授，更涵盖了情感、行为和思维的全面发展。教学目标的设定和实施，旨在引导教学过程，激发学生的学习积极性，促进其心理到行为的有序变化。这一观点打破了以往教学目的的单一性和教师中心论，强调了学生的主体地位和教学的实效性。

（2）中学语文目标教学派的创新性体现在多个方面。在教学理论上，它倡导用科学的目标教学理论替代传统的以教师为中心的目的教学，强调教学的科学性和系统性。在教育观上，它主张教育应面向全体学生，关注95%的学生都能达到教学标准，而非仅仅关注少数优等生，这无疑是对公平教育理念的有力实践。在差生观上，它认为差生的问题主要源于知识的积累不足，而非智力问题，这为改善差生教育提供了新的视角。在评价观上，它强调形成性评价，注重对学生学习过程的持续观察和反馈，以促进其持续改进和提高。

3.中学语文目标教学派的教育思想

中学语文目标教学派教育理念影响深远,涵盖教学目标分类、导学达标、形成性评价及反馈矫正。教学目标分类强调科学性、合理性和可操作性,需考虑学生个体差异;导学达标突出教师引导和学生主动,实现教学目标;形成性评价关注学习过程,促进教学效果和学习积极性;反馈矫正依据测试反馈,调整教学策略,确保学生达标,特别是帮助学习困难学生。

(四)中学语文教学管理派

1.中学语文教学管理派的形成与发展

中学语文教学管理派自其诞生以来便以其独到的教育理念和管理策略,在中学语文教育领域掀起了一股革新之风。在这一流派的形成与发展历程中,魏书生老师无疑扮演了举足轻重的角色,他以其深邃的哲学思考和丰富的教育实践,为中学语文教学管理派注入了新的活力。

魏书生老师,这位被誉为"年轻的教育改革家"的杰出教育者,用他那独特的哲学视角审视语文教育,从而孕育出了全新的语文教育观——管理教学观。[①]这一观念的核心在于,通过科学的管理手段,激发学生对语文学习的兴趣,培养他们的自主学习能力,进而实现教学效果的最大化。魏书生老师的这一理念,不仅打破了传统语文教学中重知识传授、轻能力培养的桎梏,更为中学语文教学管理派的形成提供了坚实的理论基础。

1984年,随着辽宁人民出版社《年轻的教育改革家魏书生》一书的出版,中学语文教学管理派正式宣告成立。这本书不仅详细记录了魏书生老师的教育思想和实践经验,更以其深刻的教育理念和显著的教学效果,赢得了广大读者的认可和赞誉。此后,魏书生老师以管理为特色的中学语文教学体系逐步完善,他通过制定科学的教学计划、建立有效的管理机制、运用多元化的教学方法等手段,极大地提高了中学语文教学的效率和质量。

---

① 魏书生.班主任工作漫谈[M].桂林:漓江出版社,2002:371.

第一章 绪 论

2.中学语文教学管理派的特点

中学语文教学管理派最为显著的特点,便是将"管理"置于教学过程中的核心地位,致力于实现语文教学管理的自动化与科学化。这一过程不仅体现了对教育规律的深刻把握,更融入了对学生全面发展的深切关怀。

(1)构建全面而系统的教育教学管理目标体系

中学语文教学管理派深知,目标明确是行动有力的前提。因此,他们强调制定一套既全面又系统的教育教学管理目标,为语文教学管理指明方向。这一体系犹如一座灯塔,照亮了师生前行的道路。

首先,教育教学内容目标的多元化。教育教学内容目标,作为整个目标体系的基础,涵盖了思想品德素质、知识素质和能力素质三个方面。这不仅是对学生全面发展的要求,也是对语文教学深度与广度的拓展。例如,在思想品德素质方面,教师可以通过课文中的英雄人物事迹,引导学生树立正确的价值观和道德观;在知识素质方面,则注重基础知识的积累与拓展,如古汉语知识、文学常识等;而在能力素质方面,则强调阅读、写作、口语表达等能力的综合提升。

其次,教法目标的创新与实践。教法目标,即探索如何通过有效的教学方法来帮助学生掌握自学的方法。在这一方面,中学语文教学管理派积极倡导教学方法的创新与实践。他们鼓励教师结合学生的实际情况,采用多样化的教学手段,如情境教学、问题导向教学等,以激发学生的学习兴趣和主动性。同时,他们还注重培养学生的自学能力,使学生在离开课堂后,依然能够持续地进行自我学习和提升。

再次,学法管理目标的个性化与精准化。学法管理目标,则是为了促进学生达到学习目标、提高学习效率而制定的一整套学习管理目标。这一目标的实现,离不开对学生个体差异的充分认识和尊重。中学语文教学管理派强调,教师应根据学生的兴趣、特长和学习风格等因素,为每位学生量身定制学习计划和学习方法。这样不仅能够提高学生的学习效率,还能够培养学生的自主学习能力和创新思维能力。

最后,班级管理目标的民主与科学。班级管理目标,作为整个教育教学管理目标体系的重要组成部分,其制定过程应充分尊重学生的意见和建议。中学语文教学管理派认为,只有在学生认可并积极参与的基础上制定的班级管理目标，才能够得到有效的执行和实现。因此，他们鼓励教师与学生进行充分的沟通和交流，共同制定班级管理目标，并在实施过程中注重民主管理和科学管理的有机结合。

（2）构建严密而高效的实时监控系统

中学语文教学管理之所以能够有效地付诸实施并取得显著成效，离不开与之相配套的监控系统。这一监控系统由"地下工程"和"地面工程"两部分组成，共同构成了保障教育教学管理目标顺利实现的坚固防线。

"地下工程"：适应学生实际的教学方法、教育艺术及指导思想，为监控系统基础。魏书生老师的民主科学教育及习惯培养理念是典范，促进学生发展，保障教育目标实现。

"地面工程"：具体监督控制措施，如承包、检查、奖罚等，规范教学管理。学校可设教学督导或监控中心，通过考试、测验、作业检查评估效果，设奖学金、评选等激励学生。

（3）构建及时而有效的教育教学反馈系统

中学语文教学管理派认为，教育教学反馈系统是实施教育教学目标、完成教育教学目标的重要保证。这一系统能够及时收集和分析教育教学过程中的各种信息和数据，为教育教学管理的决策提供科学依据。同时它还能有效地促进管理教学的有效进行，帮助教师及时发现和解决教学中存在的问题和困难。

反馈信息的多元化与全面性：教育教学反馈系统所收集的信息和数据应具有多元化和全面性的特点。这些信息不仅来自学生的学习成绩和作业情况等方面，还应包括学生的学习态度、学习兴趣、学习动力等方面的信息。

反馈机制的及时性与有效性：教育教学反馈机制应具有及时性和有效性。发现问题或不足应立即改进调整，措施需有针对性和实效性。学校可建立教学评估或研讨会等机制，发现问题；通过学生意见箱或投诉渠道收集意见，满足学生需求。

3.中学语文教学管理派的教育思想

在中学语文教学的广阔舞台上，管理派的教育思想犹如一股清新的春风，为传统教学模式带来了深刻的变革。这一思想体系，深植于管理的精髓与语文教学的独特魅力之中，可以具体而生动地展开为两大核心方面：管理教学思想和民主科学思想。

（1）管理教学思想

中学语文教学管理派独辟蹊径，巧妙地将企业管理的智慧融入语文课堂，这一创举不仅颠覆了传统"教师讲、学生听"的单一模式，更引领了一场以学生为中心的自主学习革命。管理教学，顾名思义，即在教师的精心组织与引导下，学生成为学习过程中的主动探索者和自我管理者。这一转变，如同为学生插上了飞翔的翅膀，让他们在知识的海洋中自由翱翔，不断挖掘自身潜能，提升自学能力与自我教育能力。

细节描绘：试想一堂生动的语文课，教师不再是高高在上的讲授者，而是化身为学习旅程的向导，通过设置情境、提出问题、引导讨论等方式，激发学生的好奇心与求知欲。学生们则分组合作，利用网络资源、图书资料等多种途径，自主探究、合作交流，最终达成共识或形成个性化见解。这一过程，不仅锻炼了学生的信息筛选与处理能力，更培养了他们的批判性思维与团队协作能力。

实证研究：据一项针对实施管理教学改革的中学进行的调查显示，学生自主学习能力显著提升，课堂参与度与学习效率均得到大幅度提高。同时，学生的综合素质也得到了全面发展，包括语言表达能力、创新思维能力以及社会责任感等。

（2）民主科学思想

民主与科学，作为中学语文教学管理派的核心教育理念，如同双轮驱动，共同推动着教育事业的蓬勃发展。

民主，意味着尊重每一个学生的主体地位，让他们成为学习的主人。在教学中，教师不再是绝对的权威，而是与学生建立起平等互助的师生关系，共同营造一个开放、包容的学习氛围。这种氛围下，学生的个性得以张扬，创造力被充分激发，他们敢于质疑、勇于探索，真正成为学习的主人。

科学，则是从管理的角度对语文教学进行优化与创新，力求实现教学效益的最大化。这要求教师在教学过程中，遵循教育规律，运用科学的方法与手段，减少无效劳动，提高教学效率。同时，还要注重培养学生的管理能力，使他们能够自我约束、自我管理，成为学习的主人。

案例分享：某中学在语文课堂上推行"班级小会议"制度，每周定期召开会议，就班级管理、教学内容、学习方法等问题进行讨论。师生共同参与，集思广益，形成决策。这一举措极大地增强了学生的主人翁意识，他们不仅学会了如何表达自己的观点，更学会了倾听与尊重他人的意见。在这样的班级里，每个学生都能感受到自己的价值，他们的自信心与责任感也得到了显著提升。

引用与数据：教育学家苏霍姆林斯基曾言："真正的教育是自我教育。"这与管理学派所倡导的民主科学思想不谋而合。据国内外多项研究表明，实施民主科学教育的学校，其学生在学业成绩、综合素质及未来发展潜力等方面均表现出色。这充分证明了民主科学思想对于推动教育改革、提升教育质量的重要作用。

（五）中学语文大语文教学派

1.中学语文大语文教学派的形成与发展

在探索语文教育的广阔天地中，大语文教学派以其独特的视角和深远的影响力，为我国的中学语文教学开辟了新的道路。这一教育理念的提出，源于对传统课堂局限性的深刻反思，以及对全面提高学生语文素养的坚定追求。在这个理论体系的构建中，张孝纯和姚竹青两位教育家的贡献不可磨灭。

张孝纯老师，被誉为我国大语文教育的先驱，他的教育思想犹如一盏明灯，照亮了语文教育的前行之路。[①]1983年，他在邢台八中的教学实验，是大语文教育理念的首次实践。他提出"大语文教育"的核心是将语文教育融入生活，通过课堂教学、课外活动和环境利用，构建"一体两翼"的教学模式，极大地丰富了语文学习的内涵和外延。这种开放的教学方式，旨在培养学生的整体思维和实际应用能力，使语文教育真正走向了生活化和多元化。

如果说张孝纯老师是大语文教育的播种者，那么姚竹青老师就是这一理

---

① 张孝纯."大语文教育"的基本特征——我的"语文教育观"[J].天津教育，1993（6）：34-35.

第一章 绪 论

念的深耕者和传播者。[①]他不仅继承和发展了张孝纯的教育思想，更进一步强调大语文的实用性和实践性，主张以培养学生的语文能力为目标，反对过度应试化的教学方式。姚竹青老师在教学实践中构建的大语文教学体系，使这一教育理念更加系统化、科学化，为大语文教育的普及和深化奠定了坚实的基础。他的教改经验和教学成果，通过大量的演讲、著作和教材的发行，影响了无数的教育工作者和学生，为我国的素质教育改革注入了新的活力。

张孝纯和姚竹青两位教育家的共同努力，标志着中学语文教学的大语文教学派的形成和发展。他们的教育理念和实践，不仅丰富了我国的语文教育理论，也对实际教学产生了深远影响。如今，大语文教学流派正在不断发展壮大，越来越多的教育工作者开始关注和实践这一教育理念，共同推动我国的语文教育向着更加开放、全面和深入的方向发展。

2.中学语文大语文教学派的特点

中学语文教学中的大语文教学派的核心理念可以用一个"能"字来概括，即强调培养学生的语文能力，使他们成为"语文小能人"。姚竹青老师的"十能"理论，就充分体现了这一教育思想的精髓。

育能人是大语文教学的核心。学生须在六方面能力强：阅读识字、书写正楷行书、讲标准普通话、写作丰富真挚、制作图文并茂板报、自信朗读演讲。

练能力是实现育能人的关键步骤。教师需要通过指导，帮助学生全面提升听、说、读、写、思等综合语文能力。这需要在教学过程中精心设计和实施各种训练活动，以确保各项能力的均衡发展。

设能项是大语文教学的结构性设计，它将语文教学内容划分为六大能项，包括识字、写字、作文、笔记、讲话和朗读。同时，将思维训练和情感教育融入其中，使学生在提升文字能力的同时，也能提高口语表达和情感表达的能力。

编能序是教学过程的有序安排，需要科学合理地规划教学步骤，确保各项能力训练的有序进行。大语文教学强调"六大能项"的同步推进，但也要

---

① 姚竹青.大语文教学法[M].北京：北京教育出版社，1992：44-45.

有一定的灵活性，以适应学生个体差异和教学实际需求。

排能课是教学实施的具体操作，需要根据能序设计，将每周的课程划分为不同的训练类型，如阅读、写作、书法、口语和讲座等，以确保每个能项的训练都能得到充分的实践。

分能级是教学评估的重要手段，通过设定不同的能力级别，可以及时了解和反馈学生的能力发展情况，以便进行适时地调整和矫正。

建能会是教学活动的组织形式，通过建立一系列语文活动团体，促进学生在相同能项的训练中互相学习、交流，以提高能力形成的效果。

记能分是评估学生能力达标程度的工具，通过统计各单项成绩，结合期末语文统考分数，为每位学生的能力发展提供客观的评价。

标能号是记录学生能力发展轨迹的方式，通过动态调整的"能号"，可以清晰地反映出学生在不同阶段的能力水平和进步情况。

设能奖是激励学生积极参与和提高能力的激励机制，通过设立各种奖项，对学生的优秀作品和进步给予肯定和鼓励，激发他们的学习积极性和创新精神。

3.大语文教学派的教育思想

中学语文教学的大语文教学派，以其独特的教育理念和方法，对提升学生的语文素养和综合能力产生了深远影响。这一教学流派的核心观点主要体现在以下几个方面。

首先，其教育观强调"教大语文，育小能人"。大语文教学派认为，语文教育不应仅仅局限于课本知识的传授，而应扩展到更广阔的知识领域，包括阅读、表达、写作、书法等多元化的语文能力。同时，大语文教学注重对学生思想品质的培养，旨在通过语文学习，使学生的听说读写等语文能力全面提升，形成全面发展的"智能"型语文素养。在实际教学中，教师会设计各种活动，如组织阅读讨论、举办演讲比赛、指导写作实践，以激发学生的学习兴趣，促进其多方面能力的提升。[①]

---

① 张孝纯，张国生．"大语文教育"中的近现代史和国情教育[J].课程·教材·教法，1993（1）：18-21.

其次，教师在大语文教学中扮演着"教练"的角色。教师不仅是知识的传递者，更是学生学习的引导者和辅导者。他们需要运用各种教学策略，如示范教学、情景模拟等，激发学生的学习主动性，帮助他们掌握有效的学习方法，从而实现从"被动学"到"主动学"的转变。教师的"教练"角色，旨在让学生在实践中学习，在探索中成长，真正学到实用、灵活、终身受用的语文技能。

最后，大语文教学观倡导立体化、动态化、多彩化的教学模式。立体化教学强调全方位、多层次的教学设计，包括课堂学习、课外阅读、实践活动等多维度的学习体验，以满足学生多元化、个性化的发展需求；动态化教学则注重激发学生的学习积极性，通过问题引导、讨论互动等方式，让学生在动态的学习过程中主动思考、主动参与，提高其思维能力和创新能力；多彩化教学则体现在教学方法的多样性和趣味性，如采用游戏教学、情景模拟、多媒体辅助教学等，使语文学习变得生动有趣，增强学生的学习兴趣和动力。

（六）中学语文教学语文味派

1.中学语文教学语文味派的形成与发展

2001年的春天，教育界的春风也悄然吹进了语文课堂的每一个角落。在这一年的3月，程少堂教授以其敏锐的学术洞察力和深厚的语文教学功底，在评课的过程中，掷地有声地提出了"语文课要教出语文味"这一振聋发聩的观点。[①]这一理念如同春风化雨，迅速在语文教学的广袤土地上生根发芽。随后，程教授撰写的《语文课要教出语文味》一文，更是如同一剂强心针，被刊登在2001年8月出版的《语文教学通讯》第17期A刊上，引起了广泛的关注与讨论。程少堂教授在文中深入剖析了"语文味"的内涵，将其精髓概括为以下几个不可或缺的要素。

（1）文体美和语体美是"语文味"的基础与核心。他认为每种文体、语

---

① 程少堂."语文味"的成长史[J].语文教学通讯，2008（5B）：10-12.

体都有其独特的韵味和美感，应善于引导学生发现并品味这些美，让课堂成为学生领略文学之美的殿堂。

（2）情感美在语文教学中具有重要作用。他认为，一堂好的语文课，应当是师生情感交流的桥梁，是师生共同感受文学魅力的舞台。在课堂上，教师应通过生动的教学设计、深情的讲解、适时的引导，激发学生的情感共鸣，让师生在共同的感动中完成心灵的对话与升华。这种情感美的体验，不仅能够加深学生对文本的理解与感悟，更能够培养学生的审美情趣和人文素养。

（3）品味语言文字之美在语文教学中尤为重要。他认为，语言文字是语文课的灵魂所在，是"语文味"的源泉。因此，教师应引导学生深入品味文本中的语言之美，从字词句篇的细微之处感受作者的情感与思想。这种品味的过程，不仅是对学生语言能力的训练与提升，更是对学生审美能力的培养与熏陶。

在2003年，程少堂教授对"语文味"概念进行了深入阐述。他认为，"语文味"在语文教学中，通过情感激发、语言品味、意理阐发和幽默点染，体现个性与文化气息的审美与自由。这构建了"四个和谐统一"的体系，融合工具性与人文性，交融情趣、意趣和理趣，融合师生个性，促进共同发展。

自程少堂教授提出"语文味"以来，这一理念便如同一股清流注入语文教学的长河之中。学术界对其进行了广泛而深入的探讨与研究，各类研讨会、论坛层出不穷。第二届深圳市中学语文教研论坛的专题研讨、（香港）第四届中国语文课程教材教法国际研讨会上的论文演讲，以及中学语文新课标实验探索暨全国中语会单元教学研究中心第三届年会上的热烈讨论，都充分证明了"语文味"理念在语文教学中的重要地位与深远影响。在这些活动的推动下，"语文味"流派逐渐形成并发展壮大成为支撑语文教学的重要理念之一，为语文教学的改革与发展指明了方向。

在"语文味"理念的指引下越来越多的语文教师开始注重课堂的情感交流、文化熏陶和审美体验。他们通过创新教学方法、优化教学设计、丰富教学内容等手段努力营造具有浓郁"语文味"的课堂氛围。在这样的课堂中，学生们不仅能够学到知识，更能够感受到语文的魅力与美好，从而激发他们对语文的热爱与追求。同时这种追求也促进了教师自身的专业成长与发展，使得他们在教学中不断追求卓越以实现自我价值与人生理想。

2.中学语文教学语文味派的特点

语文味教学法，作为语文味思想的实践化体现，是在深入理解语文味的内涵基础上，以语文味教学理论为理论支撑，旨在构建一种师生共同参与、共同创造、共享知识、共鸣情感、共融文化、共同进步的教学环境。这种教学法的核心理念在于，强调语文教学的全面性、主观性与文化性，以"一语三文"——语言、文章、文学、文化——的教学模式为载体，旨在通过语言的训练，激发学生的文化自觉，实现语言教育与文化积淀的深度融合。

在语文味教学法中，教师的角色不再仅仅是知识的传递者，而是学生学习的引导者和伙伴，通过共享生命体验，激发学生的主观能动性，使教学过程充满个性与文化气息。同时，教学模式以语言为切入点，通过欣赏语言的韵律美、文章的结构美、文学的情感美，对学生的心灵进行文化熏陶，使他们在学习过程中形成独特的文化视角。

语文味教学法倡导在有限的课堂时间内，通过深入挖掘文本内涵，提供语文学习的无限可能，激发学生的创新思维和学习热情。它鼓励学生积极参与、主动探索，使他们在语文学习中找到自我表达的途径，实现从知识的接受者到知识的创造者的转变，从而使语文教学成为引导学生实现诗意生活的桥梁。

传统教学法往往局限于对课文内容的机械记忆和复述，语文味教学法更注重教学的表达性和抒情性。语文味教学法强调在尊重文本的基础上，结合师生的个人体验，创造出超越文本的新教学主题，使教学过程更具活力和深度。此外，传统教学法过于强调教学方法的程序性，而语文味教学法则更关注"教什么"，即从教学内容层面规范和引导教学过程，赋予教学更大的灵活性和创新性。

3.中学语文教学语文味派的教育思想

"语文味教学法"是一种独特的教育理念，其核心在于"一语三文"的教学模式，即以语言为基点和中心，以文章为教学的重点，以文学为美的体现，以文化为教学的亮点。这一教学法旨在通过丰富的语言艺术，引导学生深入理解和欣赏语文的多重维度，从而提升他们的审美感知和文化素养。

首先，强调"语文味"意味着教师需要具备深厚的语文功底，能够以富有魅力的教学语言激发学生对美的追求。教师的语言表达能力，如同烹饪中的调料，能够将语文的"味道"调制得更加醇厚，使学生在学习过程中得到更多的审美享受。

其次，对于"语文是什么"的理解，存在着多元的视角，包括"语言+文章""语言+文学"和"语言+文化"等。这些观点构成语文教学多元要素，强调语言、文章、文学和文化的重要性。教师须重视文章教学，通过不同文体教学，帮助学生掌握规律，提升读写能力。

最后，语文味教学法的深层内涵是"文化语文"。这样的教学方式有助于培养学生的全球视野和跨文化交流能力，使他们在理解和欣赏自身文化的同时，也能尊重和理解其他文化。

（七）中学语文教学导读派

1.中学语文教学导读派的形成与发展

语文导读法，源于我国特级教师钱梦龙的教育实践与智慧，是一种旨在激发学生学习主动性，培养其独立思考和自读能力的语文教学策略。[1]这一教学法的诞生，是对传统教学模式的有力挑战，也是对20世纪80年代中国教育改革的重要贡献。

1982年，钱梦龙在深入研究前人教育理念的基础上，提出了"三主"教育理论，即"学生主体""教师主导"和"训练主线"。这一理论强调在教学过程中，学生应是学习的主体，教师则起着引导和辅助的作用，同时，教学应以实际的训练为主线，以提高学生的实践能力。1985年，他的著作《语文导读法探索》出版，系统地阐述了"三主四式"的教育理念，即在"三主"的基础上，进一步提出了"自读式""教读式""作业式"和"复式教学式"四种教学模式，为语文教学提供了新的思路和方法。

钱梦龙的"三主四式"理论，是对当时语文教学中普遍存在的问题的深刻反思。他指出，过多的抽象分析、空洞的术语、无目的的讨论以及教师的

---

[1] 钱梦龙.导读的艺术[M].北京：人民教育出版社，2000：13-14.

过度干预，都阻碍了学生主体性的发挥和自读能力的培养。因此，他主张教学应以学生为中心，注重培养他们的独立思考能力和自我学习能力，同时，教师的角色应转变为引导者和辅导者。

1981年，钱梦龙在浙江金华的一次教学实践中，成功地运用"三主四式"理论，通过引导学生质疑、解疑，充分调动了学生的学习积极性，展示了这一教学法的实效性。他的教学模式引起了广泛的关注和讨论，推动了语文教育的深入改革。

1983年，钱梦龙在《"三主""四式"语文导读法探索》中进一步完善了他的理论，标志着语文教育进入了一个新的阶段。此后，他的"三主"理论和"四式"教学模式得到了越来越多的教师的认同和实践。

随着"三主"理论的广泛传播和"四式"教学模式的深入应用，以"导读"为特色的教学流派逐渐形成，对提高我国语文教学质量和推动教育改革起到了积极的作用。这一教学法不仅在当时引起了广泛的关注，而且在今天仍然具有重要的参考价值和实践意义。

2.中学语文教学导读派的特点

中学语文教学的导读派，作为我国语文教育领域中的一种重要教学流派，其特点鲜明，注重教师的引导、课堂的训练以及学生的主体意识，旨在构建一种以学生为主体，教师为主导的高效教学模式。

首先，教师的"导"在导读派的教学理念中占据核心地位。钱梦龙的"三主"理论，即"主导、主体、主攻"，强调教师的引导作用如同导演，是课堂教学的主导者。他的"自读课五个步骤"——认读感知、辩题析题、定向问答、深思质疑、复述整理，无一不是在教师的精心引导下，引导学生逐步深入文本，培养他们的自主学习能力。教师的"导"不仅体现在教学内容的传授上，更体现在对学生学习方法的引导和学习兴趣的激发上。

其次，课堂的"训练"是导读派教学模式的重要组成部分。与传统的以教师讲解为主的教学方式不同，导读派主张"以训练为主线"，强调通过实践性的课堂活动，如朗读、讨论、写作等，来提升学生的学习能力和语文素养。这种训练模式旨在让学生在实践中学习，在应用中理解，从而真正掌握知识，提高语文能力。

最后，强调学生的"主体"意识是导读派教学思想的又一亮点。他们认为，学生是学习的主体，是自我发展的主体，教师的角色是引导和辅助，而非替代和控制。在教学过程中，教师应尊重学生的个体差异，激发他们的学习积极性，培养他们的自主学习能力和批判性思维，使他们在主动参与和自我探索中实现知识的内化和能力的提升。

3.中学语文教学导读派的教育思想

在中学语文教育的广阔天地里，导读派以其独特的教育思想与实践模式，犹如一股清新的春风，吹拂着传统教学的尘埃，引领着语文教育的新方向。钱梦龙的"三主四式"理论体系，不仅是对中小学语文教学的一次深刻反思，更是对新时代教育理念的积极探索与实践。

（1）"三主"理论的深度剖析

"三主"理论体系，即"以学生为主体，以教师为主导，以训练为主线"，这一理念的提出，彻底打破了长期以来"教师讲、学生听"的传统教学模式。在这一体系中，学生被赋予了前所未有的主体地位，他们的主动性、积极性和创造性得到了充分的发挥。教师则从传统的"演员"角色转变为"导演"或"教练"，更加注重对学生学习过程的引导与启发，而非单纯的知识灌输。

学生主体地位的凸显：在导读派的教学实践中，学生不再是被动接受知识的容器，而是成为学习活动的主体。他们通过自主阅读、合作探究等方式，主动探索文本的深层含义，积极构建自己的知识体系。这种教学方式不仅激发了学生的学习兴趣，还培养了他们的自主学习能力、批判性思维和创新能力。

教师主导作用的发挥：教师的角色转变并不意味着其作用的削弱，相反，教师在导读派的教学中发挥着更加关键的作用。教师需要精心设计教学流程，巧妙设置问题，引导学生深入思考；同时，还要关注学生的学习状态，及时给予必要的点拨与指导。这种"导演"或"教练"的角色定位，要求教师具备深厚的专业素养和灵活的教学机智，以便在关键时刻给予学生恰到好处的帮助。

训练主线的贯穿："以训练为主线"是导读派教学体系的又一重要特征。这里的"训练"并非简单的知识记忆或技能模仿，而是指通过一系列有目的、有计划的教学活动，全面提高学生的语文素养和综合能力。这些训练活动贯穿于整个教学过程之中，既包括课堂内的听说读写训练，也包括课外的阅读积累、写作实践等。通过这些训练活动，学生不仅掌握了基本的语文知识和技能，还培养了良好的学习习惯和思维品质。

（2）"导读"与"点拨"的精髓

导读派的主要特点在于其"导读"与"点拨"的教学特色。这两种教学方法相辅相成，共同构成了导读派教学体系的核心。

导读魅力：导读是导读派教学的关键。教师用问题情境和引导语言激发学生兴趣，引导思维，发现文本深层含义和审美价值。提升阅读能力，培养审美鉴赏和文化批判意识。

点拨智慧：点拨是导读派教学的另一亮点。学生遇知识、思维或心理障碍时，教师适时点拨，通过启发提问、引导提示，帮助学生自寻解决方法。培养独立思考和问题解决能力，增强自信和成就感。

（3）"四式"教学模式的实践探索

导读派教学模式基于"四式"教学框架：自读式、教读式、练习式和复读式。

自读式：学生在教师指导下自主阅读文本，初步了解内容和结构，培养阅读兴趣和自主能力。

教读式：教师根据学生情况讲解文本难点和重点，引导学生深入探究主题和艺术特色，加深理解和感悟。

练习式：教师设计练习题目巩固基础知识，提升综合能力，检验学习成果，发现不足并改进。

复读式：学生再次深入阅读文本，挖掘内在价值，结合生活经验进行个性化解读，培养审美鉴赏和文化批判意识。

（八）中学语文教学语感派

1.中学语文教学语感派的形成与发展

在深入探讨语感派的形成与发展轨迹时，我们不得不聚焦于洪镇涛这一位语文教育领域的杰出贡献者，他不仅是"感受、领悟、积累、运用"这一创新教学体系的奠基人，更是将其付诸实践的先驱。①洪镇涛的教学改革之路，宛如一条蜿蜒曲折却又充满智慧与勇气的探索之旅，其间的每一步都深刻影响了中国语文教育的走向。

第一阶段：变讲堂为学堂（1978—1991年）

回望20世纪70年代，当语文教育仍深陷于传统讲授模式的泥沼中时，洪镇涛先生已敏锐地洞察到了改革的必要性。1973年，他率先提出了"语文教学要多读多写，读写结合，少讲精讲，指导自学"的先进理念，这一呼声如同春雷般震撼了当时的教育界。②及至1978年，随着《关于中学语文课教学改革的建议》一文的发表，洪镇涛更是旗帜鲜明地提出了"加强自学"的主张，这一观点不仅是对传统教学模式的勇敢挑战，更是对学生主体地位的深刻认识和尊重。

在"变讲堂为学堂"的实践中，洪镇涛提出了"三变"策略，即变学生在课堂学习时的"默默聆受"为教师指导下的"研讨求索"，变教师的"全盘授予"为"撷精摘要"，变教师"滔滔讲说"为"以讲导学"。这一系列的变革，不仅极大地提升了学生在课堂中的参与度和主动性，更促进了师生之间的深度互动与合作，使语文课堂焕发出了前所未有的生机与活力。

第二阶段：中学生要学习语言（1991年以后）

进入20世纪90年代，洪镇涛的语文教育改革步伐更加坚定而有力。1991年7月，在全国"中语会"大连年会上，他振臂高呼："语文必须姓语！"这一掷地有声的宣言，不仅是对语文本质属性的深刻揭示，更是对语文教育改革方向的明确指引。次年10月，在武汉市"中语会"第七届年会上，洪镇涛更是明确提出"中学生要学习语言！"的响亮口号，并详细阐述了"感受—领悟—积累—运用"的语感教学途径。

在洪镇涛看来，学习语文的终极目的在于提高吸收和运用语言的能力，而研究语言的目的则是为了探寻其内在规律。这一观点不仅为语感派的形成奠定了坚实的理论基础，更为广大语文教师提供了切实可行的教学策略和

---

① 洪镇涛.构建"学习语言"语文教学新体系[J].课程·教材·教法，1998（3）：19.
② 同上.

第一章 绪 论

方法。随着洪镇涛语文教学思想与教学艺术研讨会的召开,以及《中学语文·构建"学习语言"语文教学新体系专辑》的出版,语感派逐渐形成了自己的独特风格和理论体系,对中国语文教育产生了深远的影响。

以洪镇涛为代表的语感派在发展过程中取得了诸多显著成就。深圳市宝安区以"学习语言"为主旨的"世纪性"教改实验,不仅为当地乃至全国的语文教育提供了宝贵的实践经验,更推动了语言教学理念的广泛传播与深入实践。同时,"开明中小学实验课本"的问世,也为语感教学提供了更加丰富多样的教学资源和学习材料,进一步促进了学生语文素养的全面提升。

此外,马鹏举所著的《教海弄潮——洪镇涛语文教改历程描述》一书,更是对洪镇涛先生教育改革生涯的生动记录和深刻剖析。该书不仅详细记录了洪镇涛教学改革的点点滴滴,更深刻阐述了其背后的教育理念和教育智慧,为后来者提供了宝贵的启示和借鉴。

2.中学语文教学语感派的特点

以洪镇涛教授为核心的语感派,作为我国语文教育领域的一股独特流派,其教学理念与实践在众多教学模式中独树一帜。这一派别的教学体系,以其鲜明的特色和深远的影响力,对提升学生的语言能力和语文素养起到了关键作用。

首先,语感派的核心观点在于强调语感训练的重要性。洪镇涛教授坚信,语言的学习并非单纯的知识灌输,而是需要通过感受、领悟、积累和运用来实现。他将这一过程比喻为"学习语言的唯一途径",强调在语文教学中,教师应引导学生深入感受和品味语言,以培养他们的语言敏感度和表达能力。语感,这个抽象而微妙的概念,被洪教授定义为分寸感、和谐感和情味感的综合,是理解和创造语言的关键。

其次,语感派构建了一种以学习语言为核心的常规教学模式。在洪教授的引领下,他们不断探索和实践,提炼出"五环节"教学法的精髓,发展出"四步语感训练教学法"。这种方法论强调在教学过程中,通过感受、品味、实践和积累四个阶段,使学生在与语言的深度互动中,逐步提升语感,形成自我表达的技巧和能力。

最后,语感派的课程设计独具匠心,共分为七种课型。这七种课型涵盖了语言学习的各个方面，从基础的语言教读品味，到进阶的语感涵养和鉴赏陶冶，再到实践性的语言运用和基础训练，最后到评估性的语言能力测评。这种分层递进、多元融合的课程设计，充分体现了语感派注重实践、强调体验的教育理念。

3.中学语文教学语感派的教育思想

语感派的教育理念，以其独特的视角和深度，对现代语文教学产生了深远影响。这一思想的核心在于强调学生的主体地位，注重语言的实践性和生活化，以及对语文知识的适度关注。以下是对其三个主要方面的详细阐述。

首先，"变讲堂为学堂"，是洪镇涛教育思想的首要变革。他倡导的"三变"理念，即从全盘授予到拈精摘要，从滔滔讲说到以讲导学，从默默聆听到研讨求索，旨在打破传统的"填鸭式"教学模式，激发学生的学习主动性。这一转变强调教师的角色从知识的传递者转变为引导者，学生则从被动接受者转变为积极参与者，课堂成为师生共同探索知识的场所。

其次，语文教学的主要任务是学习语言，洪镇涛提出了一条科学的学习路径：感受—领悟—积累—运用。感受是初步接触和理解文本的感性阶段，领悟是对语言艺术的深入理解和欣赏，积累是语言素材的丰富和内化，运用则是将所学应用于实际表达。这一过程强调语言学习的实践性和体验性，旨在培养学生的语感能力和语言运用能力。

最后，"三主一副"的教育理论，明确了语文教学的主次关系。学习"精粹语言"，可以积淀深厚的文化底蕴；学习"目标语言"，旨在提升学生的语言素养；学习"伙伴语言"，则有助于提高学生的语言交际能力。而学习语文知识则作为辅助，旨在帮助学生理性地理解和分析语言现象，增强其对语言的理论认知。

第二章 创新教育对中学语文教学法的新要求

自我国教育革新举措实施以来,中学语文教学的领域经历了深刻的变革,这一变化不仅体现在教学目标和内容的更新上,更深入课程形态、学习环境以及学习方式的方方面面,对当代中学语文教学提出了前所未有的挑战与机遇。面对这些新的挑战和要求,中学语文教学法需要不断创新和适应。新课标对中学语文教学法的新要求旨在推动教学方式的创新,激发学生的学习潜能,以适应社会发展的需求,培养具有全面素质和创新能力的未来公民。这需要教师、学校和社会的共同努力,共同构建一个以学生为中心,注重全面发展,富有活力和创新的语文教学新生态。

第一节 创新教育解读及其核心理念

一、创新教育解读

在当今这个日新月异的时代，科技的飞速发展与经济全球化的不断深化正以前所未有的速度重塑着世界格局。在此背景下，创新不仅是推动科技进步的引擎，更是促进经济社会持续健康发展的核心驱动力。面对日益激烈的国际竞争，各国政府及教育部门纷纷将目光投向了创新教育，视其为提升国家综合国力与国际竞争力的关键战略。创新教育，这一旨在培育学生创新精神与创新能力的教育模式，正逐步成为教育体系中的璀璨明珠。

创新教育之所以备受瞩目，其根源在于它深刻洞察到了时代变迁对教育提出的新要求。在快速变化的社会环境中，传统教育模式往往侧重于知识的传授与记忆，而相对忽视了对学生创新思维与解决问题能力的培养。然而，面对复杂多变的问题挑战，仅凭既有知识已难以满足需求，创新思维与创新能力成为了衡量个人乃至国家发展潜力的重要标尺。因此，创新教育应运而生，旨在通过一系列改革措施，为学生搭建起一座通往未来世界的桥梁。

创新教育的内涵丰富而深远，它不仅关乎思维的训练，更涉及意识的觉醒、能力的培养、实践的锻炼以及环境的营造。

（1）创新思维是创新教育的基石。它鼓励学生跳出传统框架，运用发散思维、批判性思维和逻辑思维等多种思维方式，从不同视角审视问题，从而孕育出新颖独特的解决方案。这种思维模式的训练，为学生提供了探索未知世界的钥匙。

（2）创新意识的培养是创新教育不可或缺的一环。它激励学生勇于探索未知，敢于质疑既有观念，善于在日常学习与生活中发现问题的所在。这种意识的觉醒，使学生能够主动出击，面对挑战不退缩，成为知识探索与问题解决的积极参与者。

（3）创新能力的提升是创新教育的核心目标。通过强化观察、分析、解决问题等能力的训练，创新教育旨在帮助学生将理论知识转化为实际操作能力，使他们能够在实践中灵活运用所学，解决现实生活中的难题。这种能力的提升，为学生未来的职业生涯与社会贡献奠定了坚实的基础。

（4）创新环境的营造是创新教育成功的关键。这包括学校内部教学环境的优化，如设置创新实验室、开展创新竞赛等；家庭环境的支持，如家长鼓励孩子探索未知、勇于尝试；以及社会环境的整体氛围，如政府政策的引导、企业创新文化的推广等。一个鼓励创新、宽容失败的社会环境，能够有效激发学生的创新潜能，促进创新成果的涌现。

（5）创新实践是创新教育的重要组成部分。它鼓励学生走出课堂，参与社会实践，将理论知识与实际问题相结合，通过动手实践来深化理解，培养创新精神和创新能力。这种"学以致用"的教育方式，极大地激发了学生的学习热情，增强了他们的实践能力和创新意识。

综上所述，创新教育是一种面向未来、注重实践、强调思维与能力培养的现代教育模式。它不仅仅是对传统教育模式的补充，更是对教育体系的一次深刻变革。

新时期，创新教育正引领着教育领域的革新潮流，中学语文教学也应顺势融入这一潮流中去，探索教学法的改革与创新之道。

二、创新教育视野下语文课程的核心理念

（一）立足学生核心素养发展，充分发挥语文课程育人功能

义务教育阶段的语文课程，其核心使命坚定不移地聚焦于立德树人，全面彰显其独特的育人效能及基础性价值。该课程致力于通过一系列精心策划的语文实践活动，推动学生在核心素养领域的全方位提升，涵盖识字写字的基础、阅读鉴赏的深化、表达交流的实践、梳理探究的创新等多个维度，共同构建成一个系统完备的素养型课程目标体系。在此过程中，课程坚持面向全体学生的原则，强化基础性教育，保证每位学生均能在其中取得成长与进

步。通过语文课程的学习，学生将初步掌握运用国家通用语言文字进行有效沟通与交流的能力。同时，课程积极倡导学生广泛吸纳古今中外优秀文化精髓，以此提升其思想文化修养，树立坚定的文化自信。此教育模式不仅致力于学生在德、智、体、美、劳等各方面的全面发展，更旨在培养其成为能够积极适应社会变迁，具备强烈社会责任感与创新精神的公民。语文课程的这一系列目标与内容，旨在为学生的终身学习之路及全面发展奠定坚实而稳固的基础。

（二）构建语文学习任务群，注重课程的阶段性与发展性

义务教育阶段的语文课程结构，系依据学生身心成长之规律与核心素养构建之内在逻辑而精心设计的。该课程紧密围绕学生的日常生活实际，将语文实践活动作为贯穿全程的主线。同时，课程设计以学习主题为导向，以学习任务为载体，深度融合了学习内容、情境、方法及资源等核心要素，精心构建出层次清晰、内涵丰富的语文学习任务群。

在设计这些学习任务群时，课程安排尤为注重整体性规划，保证各任务群间具备严谨的逻辑关联与和谐的协调性。针对不同学段的特性，课程内容有所侧重，旨在精准对接并满足各学段学生在核心素养发展上的具体需求。例如，在小学阶段，课程侧重于奠定学生的阅读基础与初步写作能力；而进入初中阶段，则更加聚焦于提升学生的文学品鉴能力与批判性思维能力。

此外，学习任务群的设计还彰显了高度的连贯性与适应性。连贯性保证了课程内容在不同学段间的无缝衔接，使学生能够在循序渐进的学习过程中，持续巩固并拓展其知识与技能。而适应性则体现在课程能够灵活应对学生个体差异与实际需求，通过调整教学内容与方法，保证每位学生都能在最适合自己的节奏与方式中，实现语文素养的全面提升。这样的课程设计，不仅体现了科学性与系统性，更有助于义务教育语文课程全面促进学生的综合素质发展，为其未来的学习与生活奠定坚实的基础。

（三）突出课程内容的时代性和典范性，加强课程内容整合

在义务教育阶段，语文课程注重时代性，吸纳前沿成果。课程内容追踪数字时代语言动态，体现资源更新。精选文学价值与思想深度作品，熏陶感染学生。重视价值引领，传承社会主义先进文化、革命文化及中华优秀传统文化。课程内容紧密联系生活与跨学科知识，融合听说读写技能，促进多维度发展。适应不同学制特点，科学规划课程内容，满足教学需求。

（四）增强课程实施的情境性和实践性，促进学习方式变革

义务教育阶段，语文课程应围绕学生实际语文生活，构建多元学习情境，设计挑战性任务，激发学生好奇心、想象力和求知欲。此模式促进自主学习、合作探索与深入研究，展现积极主动态度。课程注重知识积累，倡导勤思考、乐实践、勇探索，养成良好学习习惯。

教师应当细致关注每位学生的个体差异与个性化学习需求，鼓励其自主阅读、自由表达，充分释放其创造力与想象力。我们倡导减少机械性习题练习，转而增加阅读时间与机会，激励学生广泛阅读、精读佳作、完整阅读。此举旨在培养学生的阅读兴趣，提升其阅读品位，促使他们在阅读中实现深层次思考与感悟。此外，现代信息技术在语文教学中的应用亦占据重要地位。借助信息技术手段，我们能够拓展语文学习的边界，提升学生的综合学习能力。例如，通过充分利用网络资源与多媒体工具，学生能够接触到更为丰富多样的学习材料，实现更广泛的阅读与交流，从而在信息技术的助力下，进一步增进其语文素养。

（五）倡导课程评价的过程性和整体性，重视评价的导向作用

在推进义务教育语文课程评价工作的进程中，我们务必保证所构建的评价体系能够精准助力学生学业进步，并为教师教学的持续优化提供明确指引，进而全面达成语文课程所确立的各项教育目标。课程评价的核心使命，在于真实、客观地反映学生在语文学习领域的实际能力与综合素养，

这既包含对语言文字运用能力的考量，也涵盖对其思维逻辑、审美旨趣及价值观念的培育成效。在评价实践中，我们应紧密追踪学生的学习过程与成长轨迹。

为充分契合各年龄段学生的学习特征及各学段的教学目标，我们需要精心挑选并灵活运用适宜的评价手段。这些手段应聚焦于关键要素，凸显评价重点，以增强语文课程评价的整体性与综合性。同时，我们强调评价主体的多元化与互动性，倡导学生、教师、家长及社会各界教育人士共同参与评价过程，构建一个协同合作、相互促进的评价生态。此外，还应融合多种评价方式，如形成性评价、终结性评价、自我评价与同伴互评等，以实现对学生学习状况的全面洞察。

鉴于现代信息技术日新月异的发展态势，我们应积极拥抱这些技术成果，推动评价方式的革新。例如，依托在线平台实现即时反馈，运用数据分析工具精准追踪学习进展，以及借助多媒体资源丰富评价形式等。这些技术手段的应用，将有效提升评价效率，优化评价体验，并激发学生的学习热情与参与动力。

综上所述，中学语文课程评价应秉持全面性、多元性、互动性与动态性的原则，致力于为学生营造一个积极向上的学习环境，助力他们在语文学习的征途上持续攀登，茁壮成长。

第二节 创新教育视野下中学语文教学的目标与定位

一、创新教育理念视野下中学语文教学的目标

语文课程设计与实施，始终紧扣核心素养这一核心理念，旨在深刻彰显语文学科之课程本质。通过深入发掘与展现语文学科之独特价值与内在精

第二章 创新教育对中学语文教学法的新要求

髓，课程内容与教学方法得以与课程理念紧密契合，相辅相成。基于此，课程目标得以清晰界定，保证学生在语文学习过程中能够全面增强语言文字的运用能力、文学审美鉴赏能力以及文化传承与创新之能力。经由此番课程设计，学生不仅能够奠定坚实的语文基础，掌握必备的知识与技能，更能在实践中灵活运用，于持续学习与探索中，逐步塑造并升华个人的语文核心素养。

（一）核心素养

核心素养指学生在历经系统性的课程研习后，逐步构筑起的正确价值取向、必备品格特质及关键能力素养。此等素养是课程教育所矢志追求的育人目标的精髓，亦为学生于学习征途中所应达成的综合素质的鲜明标识。聚焦于义务教育阶段之语文课程，其着力培育的核心素养，广大学生在踊跃投身语文实践活动进程中，所积淀与构建的知识体系、技能专长，并能在真实语言运用的具体情境中熠熠生辉。这些素养不仅全面彰显了学生对中华优秀传统文化的坚定自信，还深刻体现了其语言运用的娴熟能力、思维的敏锐与深邃，以及审美创造领域的巨大潜能。

1.文化自信

文化自信即学生对中华文化秉持深切的认同情感，并对其蓬勃生命力抱有坚定的信念。经由语文课程的系统学习，学生应当树立起对国家通用语言文字的热爱与尊重，对中华文化悠久历史与深厚传统萌生浓烈的兴趣，进而积极投身于中华优秀传统文化、革命文化及社会主义先进文化的传承与弘扬之中。同时，学生亦须关注并积极参与当代文化生活实践，初步掌握并借鉴人类文明发展的杰出成果，以此拓宽自身的文化视野，积淀起扎实的文化底蕴。

2.语言运用

语言运用指学生在广泛的语言实践活动中，经由主动的积累、系统的梳理与深度的整合，逐步铸就优良的语感基石。在此过程中，学生将深入洞悉国家通用语言文字的独特魅力与运用法则，进而构筑起个性化的语言知识体系。他们将树立起正确、规范的语言文字运用观念与能力，保证能在多元化的语言情境中,实现高效、精准的交流与沟通。此外,学生还将深刻领悟语言文字所蕴含的丰富意蕴,进而对国家通用语言文字萌生出浓厚的情感认同与深厚的文化自信。

3.思维能力

思维能力指学生在语文学习中展现的认知活动,包括联想、想象、分析、比较、归纳与判断等。涵盖直觉、形象、逻辑、辩证和创造思维。思维品质体现敏捷、灵活、深刻、独创与批判性。学生应好奇求知,崇尚真知,勇于探索,积极创新,养成深入思考的习惯。

4.审美创造

审美创造指学生在感受、理解、欣赏和评价语言文字作品的过程中,累积审美经验,培养感受美、发现美的敏锐,及展现美、创造美的能力。实践活动涵养高雅审美情趣,树立健康审美意识与正确审美观念。

核心素养的上述四个维度,实为彼此关联、相辅相成之整体架构。语言作为至关重要的交际媒介,也是思维的深刻表达工具。语言的发展历程与思维的成长轨迹紧密相连,二者相辅相成,共同进步。语言文字及其作品作为审美活动之核心对象,其学习与实践成为提升审美能力、优化审美品位的关键路径。此外,语言文字不仅是文化传承的载体,也是文化构成的不可或缺部分。学生的语言文字学习之旅,实则同步经历着文化之积淀与成长。在语文课程这一广阔天地中,学生的思维能力、审美创造力以及文化自信皆深深根植于语言运用之沃土,并在学生个体语言经验的不断丰富与深化中得以生动展现与深刻体现。

(二)总目标

(1)在语文教学的征途上,教师务必深谙语言文字之运用,更须着力培育学生爱国主义、集体主义及社会主义思想道德的根基。通过引导学生系统而深入的学习,帮助学生逐步塑造正确的世界观、人生观与价值观,为铸就具备高度责任感与使命感的新时代公民奠定坚实基础。

(2)教师应怀抱对国家通用语言文字的热爱,深刻体悟其独特魅力与价值所在。通过语文教学,引导学生深刻认识中华文化的博大精深,从中汲取

第二章　创新教育对中学语文教学法的新要求

智慧养分，积极弘扬社会主义先进文化、革命文化及中华优秀传统文化，从而铸就坚定的文化自信。

（3）引导学生关注社会文化生活的脉动，踊跃参与并组织校园、社区等各类文化活动。在实践中锤炼交流、合作与探究的能力，强化社会责任意识。通过接触多元文化，吸纳人类优秀文化的精髓，拓宽视野，滋养精神世界。

（4）教导学生熟练掌握常用汉字的书写，精通汉语拼音，流利运用普通话交流。主动积累并梳理语言材料与经验，逐步培养良好的语感，初步领悟语言文字运用之规律。善用语文工具书，运用多元媒介深化语文学习，掌握基本方法，培养良好学习习惯。

（5）帮助学生掌握多种阅读策略，具备独立阅读能力。能够轻松阅读日常书报杂志，初步鉴赏文学作品，并能借助工具书解读浅易文言文。提升倾听与表达能力，以文明之态进行人际沟通与社会交往。根据需求，运用书面语言清晰、准确地传达个人见闻、体验与思考。

（6）指导学生积极观察生活，敏锐感知，发展联想与想象能力，激发创造潜能。丰富语言经验，培养语言直觉，提升语言表现力与创造力，进而增强形象思维能力。以此为基，更好地抒发思想与情感。

（7）激发学生秉持探索精神，勤于思考，初步掌握比较、分析、概括、推理等思维方法。以辩证视角审视问题，有理有据、负责任地表达观点，树立实事求是、追求真理的价值观。如此，方能在学习与生活中持续进步，成为有思想深度的个体。

（8）启发学生领略语言文字之美，感悟作品的思想深度与艺术价值。结合个人生活经验，深入理解、欣赏并初步评价语言文字作品，丰富情感体验与精神世界。借此途径，更深刻地理解世界，提升审美与人文素养。

（9）鼓励学生善于运用不同媒介表达个人见闻与感受，学习发现美、表现美与创造美，培育健康的审美情趣。通过这些实践，享受生活之美，提升艺术修养与创造力。

（三）学段要求

基于"六三"学制框架，各阶段教育均承载其专属的教学使命。对于"五四"学制而言，其第二学段（3至5年级）的教学需求，系参照"六三"学制中第三学段（5至6年级）的标准而设定，并适度调低了难度层级，旨在顺畅衔接不同学制体系。具体而言，此学段在教学内容与难度上进行了精心调整，旨在促进学生更为顺畅地接纳并掌握新知。

进一步而言，"五四"学制的第三学段（6至7年级），则在"六三"学制第三学段基础上，适度拔高了教学标准，并巧妙融合了"六三"学制第四学段（7至9年级）的部分要求，从而使得"五四"学制在6至9年级的进阶路径上更显科学与合理性。此循序渐进的提升策略，有效助力学生在各学段稳步增强学习能力。

下面我们将深入剖析"六三"学制中第四学段（7至9年级）关于语文教学的具体要求。在此关键阶段，学生需广泛积累语文知识，涵盖文学作品鉴赏、写作技巧精进及语言表达能力强化等多个维度。教师应聚焦学生阅读理解力的培养，引导学生深刻领悟文本精髓；同时，加强写作实践，促进学生写作技能的提升；此外，还须关注学生语言表达能力的锤炼，保证学生能在各类场合中精准、流畅地阐述个人见解与思想。通过上述综合性的教学导向，全面促进学生语文素养的飞跃。

1. 识字与写字

（1）学生应具备熟练运用字典、词典进行独立识字之能力，并精通多种检字方法。累计掌握常用汉字数量应达到约3500个，以保证语言文字的准确运用。

（2）学生应保持正确的写字姿势，致力于培养良好的书写习惯。在熟练掌握硬笔书写正楷字的基础之上，应进一步研习书写规范、广泛通行的行楷字，以期提升书写效率与质量。同时，需强化临摹、品鉴名家书法活动，深刻领会书法艺术的审美价值与文化魅力，以弘扬中华优秀传统文化。

2. 阅读与鉴赏

（1）学生需具备普通话朗读能力，准确流畅抒情。培养默读习惯，提高阅读效率，速度不低于每分钟500字。掌握略读与浏览技巧，拓宽阅读视野。

第二章 创新教育对中学语文教学法的新要求

（2）全面阅读文本，**梳理脉络**，领会主旨。品味关键词句，深化理解。形成独到见解，勇于表达观点，团队合作解决疑难问题。

（3）掌握多种表达手法，提升阅读鉴赏能力。区分写实与虚构作品，深入了解文学样式。

（4）欣赏文学作品，领悟深层思想内涵，汲取启示。抒发个人情感体验，品味语言艺术。

（5）阅读议论文，区分观点与材料，理性评判。阅读新闻及说明性文章，把握核心观点，提取关键信息。注重科技作品科学精神及思想方法。理解复杂非连续性文本，得出实际结论。

（6）诵读古代诗词及浅易文言文，借助注释及工具书理解内容。积累、感悟及运用知识，提升文学欣赏品位。背诵优秀诗文80篇（段）。

（7）每学年阅读两三部名著，探索适合个人的阅读方法，分享心得。开展专题探究活动，建构阅读经验体系，感受经典名著艺术魅力，丰富精神世界。

（8）随文学习词汇及语法知识，解决语言难点。了解常用修辞手法及其运用技巧，体会表达效果。关注作家作品及文化常识。

（9）利用图书馆及网络资源搜集信息及资料素材，辅助阅读。制订个人阅读计划，广泛涉猎读物，**拓宽知识视野**。保证课外阅读总量不少于260万字。

3.表达与交流

（1）在交流互动之际，务必审慎考量对象与场合的适配性，深入学习并践行文明、得体的交流范式。应秉持耐心与专注，细致聆听对方之言，并辅以对方话语、神情、手势等细微之处的敏锐洞察，以深刻把握其观点与意旨。

（2）在阐述个人见解时，应展现出自信与责任感，保证言辞清晰、连贯，且始终紧密围绕主题展开。同时，注重面部表情与语气的恰当运用，根据交流情境灵活调整表达内容与方式，持续提升应变能力，以增强表达的感染力与说服力。

（3）在分享个人所见所闻时，应力求内容翔实、语言鲜活。在复述或转述信息时，务必保证信息的完整性与准确性，并着重凸显关键要点。应能够就适宜话题进行即兴发言或准备充分的主题演讲，表达个人独到见解，并展现出一定的说服力。在讨论环节中，应积极贡献观点，保证立场鲜明、论据充分、条理清晰；同时，需精准把握讨论核心，并据此提出针对性意见。

（4）倡导以多元视角审视生活，发掘其多彩多姿之处，并擅长捕捉事物之本质特征，为写作奠定坚实素材基础。在写作过程中，应融入真挚情感，深刻表达自身对自然、社会、人生等领域的感受、体验与思考，力求作品富有创意与深度。

（5）创作须考量目的与受众需求，选择适宜表达方式，合理安排内容结构，清晰传达意图。运用联想与想象丰富内容，准确使用标点符号。

（6）写作覆盖记叙、说明、议论等文体。记叙性文章明确目的，内容充实；说明性文章语言清晰；议论性文章观点鲜明、论据有力。还应具备应用文写作能力，及提炼关键信息缩写、扩写、改写能力。鼓励尝试诗歌、小小说等文学形式创作。

（7）应高度重视写作过程中的各个环节，包括素材搜集、构思立意、提纲挈领、修改润色等，以全面提升独立写作能力。根据表达需求，依托良好的语感与扎实的语文功底对作品进行精心雕琢与修改，保证文通字顺。应积极与他人交流写作心得与体会，相互评阅作文以分享感受、碰撞思想。保证每学年完成作文练习不少于14篇次，其他形式的写作练习累计不少于1万字，并能在限定时间内（如45分钟内）完成不少于500字的习作任务。

4.梳理与探究

（1）在语文学习的征途上，学生应当遵循既定标准，系统地对所学字词句篇等语言素材进行分类归纳。此举旨在深化对这些素材的理解与记忆，并促进对语文学习经验的深刻反思与总结。由此，得以持续提升语言文字运用能力，使表达更加生动、精准且富有力量。

（2）在跨媒介阅读与运用的学习实践中，能够深刻领悟不同媒介所独具的表达特性，进而依据实际需求，精准选取适宜媒介以展现我们的探究成果。例如，融合文字、图像、视频等多元形式，使我们的展示成果更加丰富多元，增强吸引力与感染力。

（3）自主策划文学活动，如编辑期刊、文艺演出、讨论会等，体验合作与成功。同时，关注重大事件，围绕热点议题开展调研。通过多样方式展现学习成果。

（4）求学与生活中，应勇于提问，共同研讨研究主题，规划研究路径。通过多元渠道搜集资料，深入分析，完成报告。需掌握查找与引用资料的科学方法，规范标注来源。

在践行上述要求之际，学生需深刻领悟中华优秀传统文化所蕴含的核心思想、人文精神及传统美德，以强烈的归属感与自豪感，彰显中华民族一员的身份认同。同时，深刻体会中国共产党在奋斗历程中铸就的崇高精神与人格魅力，学习英雄模范忠诚于祖国和人民的崇高品质，涵养民族气节与爱国主义情怀。唯有如此，中学生才能更好地传承与弘扬中华民族的优秀传统，为实现中华民族的伟大复兴贡献力量。

二、创新教育理念视野下中学语文教学的定位

创新教育理念视野下，中学语文教学正经历深刻变革，转向能力培养。以下从教学思想、体系、内容和方法四方面阐述。

（一）教学思想——现代化

语文教学须与时俱进，适应现代化建设需求，摒弃旧理念，树立现代思想。首先，确立全面育人理念，培养德、智、体、美全面发展的人才，注重育人过程，培养自学与自我教育能力，避免学科间资源争夺。其次，提高所有学生的语文水平，满足社会主义建设需求，改进教学，激发学生兴趣，培养良好习惯。最后，培养能力、发展智力，现代教学重视能力培养与智力发展，让学生掌握基础知识同时，提升学生的能力与智力，以适应社会需求。

（二）教学体系——科学化

语文教学体系科学化是现代化和提升教学水平的关键。须系统、有序安

排教学活动，遵循科学程序。过去语文教学常缺乏明确秩序和阶段连续性，影响师生积极性。改革首要问题是实现体系科学化。教学程序应依内在规律，考虑知识体系、能力形成及学生特点。程序化不等于程式化，须灵活应用。现行中学语文教材体系多样，有综合型与分科型，程序安排各异。应允许多样并存，相互借鉴，促进体系科学化。

（三）教学内容——综合化

综合性是语文教学的重要特点。随着知识更新，教学内容综合化趋势明显。教材内容综合化，选材广泛，含现代思想、生活习性及科技文章，甚至包含理科知识片段。如利用帕斯卡定律设计练习，提升语文工具性，增强学习兴趣和效果。语文教学重能力训练，练习题多样，融知识传授于练习中，提升综合能力。语文教学还含读写、听说训练，重视学生的全面均衡发展。综合化虽具有挑战性，但通过单元教学形式，将程序化和综合化统一，具有广阔前景。

（四）教学方法——多样化

教学方法是实现教学目标的重要手段，涵盖教法和学法。其多样化是为了避免单一化。自中华人民共和国成立以来，教学方法历经变化。20世纪50年代初期学习苏联模式，采用课堂谈话法；1958年强调思想教育，盛行讨论法；20世纪60年代初要求"文道结合"，普遍采用串讲法。现在，大多课堂教学仍采用教师讲解法。[①]这种单一的教学方法抑制了学生学习语文的积极性，导致语文教学无法达到预期的效果。

鉴于语文教学内容的多样性和教学对象的活泼性，语文教学方法须多样化。一堂课可包括阅读、讨论、讲解和练习等环节。教师讲解仅为其中一种

---

① 董艳，夏亮亮，王良辉.新课标背景下的跨学科学习：内涵、设置逻辑、实践原则与基础[J].现代教育技术，2023，33（2）：24-32.

方法，讲解和阅读均有多种方式。多样化教学方法能提升教学效果。我国已创造多种语文教学方法，如讲读法、读背法、讨论法等，供教师选择。未来还将创造更多新方法以适应教学需求。

第三节 创新教育视野下中学语文教学法的反思与改革

一、创新教育视野下中学语文教学法设计的新要求

在创新教育视野下，随着教育改革的不断深化和教学法的不断革新，中学教育中，语文教师不仅是执行者，更是开发者、实施者和评价者。教师须增删学科内容、整合学科、开发教学资源，并策划主题活动。教师需具备多种能力。过去，课程开发由教育部和专家负责，教师仅执行。现开发权下放给教师，强调语文的时效性、实践性、综合性和活动化，对教师教学设计提出更高要求。

在语文教学目标的设计方面，创新教育准提出了更新的要求。创新教育视野下的中学语文教学创新发展正在挑战传统的教学模式。教师必须更新自己的教学理念，并开放性地设计教学目标。创新教育视野下的中学语文教学重新定位了语文的功能，更加关注"人"的价值。教学应以学生的全面发展为核心，确立学生作为学习主体的地位。课程标准强调工具性与人文性的统一，并将提高学生的语文素养作为基本任务。教师应根据学生的个性特点，关注个体差异，激发学生的主动学习意识，并倡导自主、合作、探索的学习方式。教学内容、方法以及评价的设计都应促进这种学习方式的实施。

在设计语文课程时，教师必须准确把握创新教育理念，贯彻创新教育

的核心精神，以打造适宜学生的语文学习环境。教师应灵活调整教学顺序，依据学生实际需求，引导合作探究和交流对话，使之成为教学资源的一部分。此外，教师可以运用引言和多媒体技术营造教学情境，以此激发学生的学习兴趣。

二、创新教育视野下中学语文教学的常用方法

中学语文教学方法是以教师为主导、学生为主体，在听、说、读、写活动中采用的方式和手段，旨在达到语言教学目的，完成教学任务，实现教法和学法的统一。

（一）中学语文的教法

1.讲述法

讲述法是传统教学法，依赖教师言语传授内容。教师言语表达能力影响教学效果，需提升技巧，增强学生听力理解。讲述法有优有劣。

讲述法的优点如下。

（1）适应班级集体教学需求。

（2）全面、准确、系统传授新知。

（3）突出重难点，高效省时。

（4）便于学生做笔记，提升文字能力。

（5）展示教师语言、知识、阅读等示范作用，树立榜样。

讲述法的缺点如下。

（1）缺乏双向交流，教师难以及时调整教学进度。

（2）依赖教师单方面的信息输出，学生被动接受，可能抑制学习积极性。

（3）不利于阅读和口语表达能力的培养。

（4）不利于分析问题和解决问题能力的培养。

（5）无法照顾到学生个别差异，难以满足个性化学习需求。

教师需要正确认识讲述法，结合其他教学方法，综合运用多种教学手段，提高教学效果。

2. 问答法

问答法，即提问法，是教师提出问题，引导学生思考、解决问题的教学方法。教师可引导学生提问并互相答疑。问答法在教学中有其优缺点。

问答法的优点如下。

（1）问答法培养思考习惯，有益学习生活。

（2）问答法提高思维与解决问题能力。

（3）问答法唤起有意注意，指向重点难点疑点，提高学习效率。

（4）问答法利于说话能力培养。

（5）教师通过问答法掌握学情，调整教学，提高效果。

问答法也存在如下缺点。

（1）问答法难系统传授新知识，依赖问答导致传授不全面，学生知识体系不完整。

（2）问答法影响知识完整性，学生可能忽略重要点。

（3）教师提问难适应所有学生，无法满足所有需求，部分学生可能跟不上。

（4）一次提问一人答，少数思考多数等，学生缺乏参与感，影响学习积极性。

3. 多媒体辅助教学法

20世纪末，随着互联网和多媒体计算机技术发展，教育领域引入多媒体辅助技术。该技术以计算机为核心，融入信息技术。它不仅改变了教学内容、手段、方法和模式，还引发教育思想和观念的变革。恰当应用多媒体辅助教学，能解决两个关键问题：促进有效学习和照顾学生个别差异。新环境下，语文教学内容贴近自然生活，时空维度立体化，培养开放性、超前性、系统性和创造性思维。多媒体辅助教学法有优缺点。

多媒体辅助教学法的优点如下。

（1）突破时空限制，全面展示教学内容。

（2）直观、形象，扩大学生视野和知识面。

多媒体辅助教学法的缺点如下。
（1）不能完全替代言语技能培养，特别是语文教学。
（2）使用不当可能影响读写基本功训练。
（3）师生交流可能受声像干扰，难以及时反馈和调整。
（4）需较多时间和物质条件，可能影响普及和应用。

（二）中学语文的学法

1. 默读法

默读是一种无声的阅读方式，它允许读者在没有发出声音的情况下，深入地揣摩和理解文章的思想内容。默读法是一种有效的阅读技巧，它具有一定的优点和缺点。

默读法的优点如下。

（1）阅读速度快：默读可以显著提高阅读速度，因为读者不需要将文字转化为声音，从而节省了时间。

（2）默读有利于思考：在默读过程中，读者可以更加专注于思考文章的内容和深层含义，而不是仅仅关注发音。

（3）默读可灵活控制速度范围，适应个别学生阅读差异。

默读法的缺点如下。

（1）单纯默读不利于记忆，因此不应单独使用。

（2）默读的内部过程是隐性的，使得教师难以判断其质量。因此，培养默读速度至关重要，这需要因人而异。训练时应关注个体差异，设计不同难度的材料和任务，以鼓励积极思考，从而提升理解和记忆。同时，辅助使用如提问和讨论等手段，可以帮助评估和提高默读的质量。

2. 朗读法

朗读是一种特殊的阅读方式，它不仅是简单的阅读，而是一种眼、口、耳、脑并用的创造性阅读活动。在朗读的过程中，我们不仅能够看到文字，还能通过声音将文字表达出来，同时耳朵也能听到自己的声音，大脑则在这一过程中进行思考和理解。掌握朗读的方法，通常需要经历三个依次递进的阶段：首先是正确清晰地朗读，其次是准确流畅地朗读，最后是传情达意地朗读。每一个阶段都是对前一个阶段的提升和深化。朗读法作为一种阅读方法，自然也有其优缺点。

朗读法的优点如下。

（1）提升课文理解力，深入把握主旨和细节。

（2）培养口头表达能力，增强交流自信流畅。

（3）增强作品感染力，传递情感，提升审美和情感体验。

朗读法的缺点如下。

（1）与默读相比，速度较慢，知识吸收量少。

（2）分散大脑思维功能，可能影响对逻辑性强的文章的理解，忽视深层次逻辑结构分析。

第三章 创新教育视野下中学语文教学法改革的核心理念

在创新教育视野下,中学语文教学法改革的核心理念主要体现在以下几个方面:首先,强调语文素养与人文素养的有机融合,旨在通过语文教学培养学生的综合素质,使他们在掌握语言文字运用能力的同时,也能深刻理解和传承中华民族的优秀传统文化,提升个人的人文精神和道德情操。其次,注重语言训练与思维训练的紧密结合,通过语文教学活动,不仅锻炼学生的语言表达和理解能力,还要培养他们的逻辑思维、批判性思维和创造性思维,使他们在语言学习的过程中,能够全面提升思维品质。再次,创新教育还强调听、说、读、写综合训练的重要性,要求在教学过程中,将听、说、读、写这四种基本语文技能有机结合。最后,创新教育要求课内与课外相互促进,形成一个完整的语文能力体系。

第一节　语文素养与人文素养相融合

人文素养强调人的全面成长，旨在丰富内在的精神领域，涵盖世界观、人生观和价值观，追求个人与社会的和谐完善。它崇尚情感的细腻与丰富，重视想象力与创造力的发展，致力于推动社会的多元化进程。具有高度人文素养的个体能够体验到情感的愉悦和精神上的满足。语文素养则更为全面，它包括知识掌握、能力培养、思维与情感的锻炼、语言的积累、语感的培养、品德的塑造以及审美的提升。培养语文素养的目的在于掌握语言技能，培育人文关怀和审美情趣。①

一、语文素养与人文素养相融合的有效途径

（一）以教材为本，重视知识与理论的结合

中学语文内容丰富，涵盖广泛知识领域和技能。教师须挖掘课文知识，拓展人文素养，积极指导学生。教师须将生活实践与教学结合，深入解析课文，帮助学生掌握内容。

例如，在教《沁园春·雪》时，笔者增加了对秦皇汉武等人物评论的探究环节，但学生参与度低。为改善教学效果，教师可让学生在梳理课文后，从小切口展开讨论。"惜秦皇汉武，略输文采；唐宗宋祖，稍逊风骚"这句话含义丰富，值得探讨。首先肯定英雄人物的历史贡献，又委婉批评其不足，并寓含后来者居上的气概。教师应深入挖掘内涵，解析伟人情感与厚

---

① 李洪春.浅析如何在高中语文教学中渗透人文精神[J].语文教学通讯D刊（学术刊），2022（2）：43-45.

望，激发学生青春激情。学生在学习课本知识时，与伟人情怀碰撞，树立更高理想。

中学生正处于树立理想和形成品德的关键时期，教师利用教材内容激发学生，将理论学习与生活实践结合，提升语文和人文素养，增强综合能力。此方法让学生更好理解课文，思想受启迪，情感受熏陶，树立更高理想。此教学方法可有效促进综合教育目标实现，帮助学生全面发展，成为社会有用之才。

（二）以课堂为基，关注双向素养的指导

语文课堂是中学生获取人文素养与语文素养的重要平台。教师在此平台上发挥关键作用，不仅教授语文知识，还培养学生的考试解题能力。但语文学科的作用不仅限于此，还肩负培养学生思想品德的责任。因此，语文教学须引导学生形成良好品德，提升人文素养。关注学生语文知识、技能及情感要素的指导，是现阶段语文教学的重要目标。

在中学语文教育中，教师应引导中学生积累人文知识，提升人文素养。以《故都的秋》为例，教师应先引导学生感受北平秋色的韵味，品味作者写景文字的细腻及画面之美。然后分析散文写景技巧，让学生从理性角度关注语言文字之妙，掌握更多语文知识与技能。最后，教师引导学生感受作者情感，提升对美的发现与体悟能力，激发学生对家乡的情感，进行人文素养和语文素养的双向探索。①

语文课堂让学生感受知识获取与情感获得的双重愉悦。学生可用既有知识重新审视生活，获得新情感体验。教师应积极指导学生提升人文素养和语文素养，创造活力启发性的学习环境，促进情感人格成长。学生将掌握语文知识，并在思想品德、情感态度和价值观等方面全面提升，成为全面发展的人才。②

---

① 张晓丽.新时期高中语文教学中人文精神的渗透探赜[J].成才之路，2022（2）：136-138.
② 孙长瑞.立德树人理念下高中语文教学的开展途径探索[J].知识文库，2022（1）：7-9.

二、语文素养与人文素养相融合的问题思考

第一，教师在语文教学中应创造新情境，使课堂充满"人文"气息。须改变机械灌输人文知识的模式，确保"语文知识"与"人文素养"并重。学生在学习中自然吸收内化人文素养，知识技能获得水到渠成。

第二，教师应注重记忆的唤醒。在语文素养培养中，教师须教授语文知识，并帮助学生唤醒成长记忆，将既往知识积累与人生经历与当下知识技能结合。这有助于梳理记忆，融合生活体验与人文知识认知，提升能力。

第三，教师应发挥学生主体地位，创新教学模式让学生积极参与，激发主观能动性，感受语文魅力。学生须主动积累语文知识技能和人文素养，形成有效获取路径，领略语文魅力，愉悦学习进而帮助学生掌握语文技能，体验人文精神，提升语文素养。

第二节 语言训练与思维训练相结合

陶行知先生的教育理念强调将教育与生活紧密结合，主张在解放学生思想和行动的过程中，更加有效地培养他们的创新精神和能力。[1]这一理念的核心在于促进学生的个性发展和全面和谐成长，使他们在学习过程中能够更好地适应社会，发挥自己的潜力。陶行知的教育思想不仅为教育实践提供了新的方向和指导，而且在教育改革中起到了重要的推动作用。它与语文教学中的语言训练和思维训练有着异曲同工之妙，都强调通过实践和体验来提升学生的综合素质。

---

[1] 陈兆艺.语文教学中的思维训练[J].文学教育（下），2015（7）：48.

创新教育理念同样强调面向全体学生，致力于全面提升学生的科学素养。它倡导学生积极参与探究性学习，通过主动探索和实践来获取知识，培养解决问题的能力。这一理念与陶行知的教育思想不谋而合，都强调了学生在学习过程中的主体地位和主动参与的重要性。因此，在语文课堂教学中，教师应注重语言训练和思维训练的有机结合，引导学生在学习语言的同时，发展他们的思维能力和创新意识，从而实现创新教育理念所倡导的全面发展的教育目标。

一、语言训练与思维训练的关系

首先，语言训练与思维训练之间的关系是一种辩证统一的关系。语言不仅仅是思维活动的产物，更是思维内容得以传递和交流的重要载体。语言的存在，使得思维能够跨越个体的界限，实现更广泛地传播和交流。如果没有语言的辅助，思维活动将变得孤立无援，难以与他人分享和沟通。语言的缺失，会使思维变得空洞，失去其应有的价值和意义。反之，思维活动也是语言得以丰富和发展的基础。没有思维的支撑，语言将变得毫无意义，只是一连串空洞的声音。因此，语言和思维是相互依存、相互促进的。只有当语言和思维实现深度融合，才能保持其原有的意义和价值，才能更清晰、更准确地表达个人观点和思想，使交流更加高效和富有成效。

其次，语言训练与思维训练的关系是一种相互依存的关系。语言不仅是思维的物质外壳，更是思维得以表达和传递的重要工具。语言的表达能力，离不开思维的灌输和填补。没有思维的深度和广度，语言将变得贫乏和单调。反之，思维的深度和广度也需要借助语言的物质形式来实现。没有语言的支撑，思维将难以形成条理清晰、逻辑严密的结构。因此，语言和思维是相互作用、相互影响的。只有当我们清晰地认识到两者之间的这种密切关系，才能更好地开展语言训练与思维训练的教学工作。通过有效的教学方法，我们可以促进学生在语言表达和思维能力上的双重提升，使他们在实际交流中能够更加得心应手，表达更加精准，思维更加敏捷。

二、语言训练与思维训练相结合的误区

在进行语文教学实地调研的过程中我们深刻地认识到，在中学语文教学的实践中，存在着诸多关于语言训练与思维训练的误区。这些误区并不是单一的，不能简单地一概而论，但大多数情况下，这些误区的出现与教师的教学观念、思维方式以及具体实施的教学举措有着密切的关联。

（一）应试教育根深蒂固，缺乏最根本的批判性思维

我国教育发展史上，应试教育长期存在，深刻影响教育工作者。语文教师常以考试成绩评判学生，导致学生成为学习"奴隶"。课堂上，批判性思维培养被忽视，语言与思维训练机械化。此模式固化学习状态，背离教育初衷。此教育方式抑制学习兴趣、想象力及质疑创新能力，对学生成长不利。

（二）学习与训练停滞在表面，缺乏刨根问底的精神与发散性思维

由于学生在课堂上的主体地位没有得到应有的重视和尊重，他们往往将学习视为一种负担，从而加剧了被动学习和训练的程度。这种被动的学习态度显然不利于激发学生的潜力，也不利于培养学生的主动学习能力。此外，如果语文教师仅仅将语言训练和思维训练视为必须完成的教学任务，那么他们很可能会陷入一种教学误区。这种误区往往表现为"重训练、轻学生"的倾向，即过分强调训练的形式和内容，而忽视了学生的实际需求和个体差异。长此以往，这种做法不仅对学生的学习成长无益，反而可能带来负面影响。

与此同时，在语文课堂的语言训练和思维训练过程中，缺乏深入探究和发散性思维的现象仍然普遍存在。这种现象的产生，一方面与学生在课堂上的主体地位没有得到充分体现有关，另一方面也与教师的教学引导和认知观念有关。教师在教学过程中往往过于注重知识的传授和技能的训练，而忽视

了引导学生进行深入思考和创新思维的培养。这种做法不仅限制了学生的思维发展，也影响了学生对语文学科的兴趣和热情。

（三）训练效率低、效果不显著

在当前的教育实践中，我们遗憾地发现，一些学校和教师并没有给予语言训练和思维训练足够的关注和重视。这种忽视导致他们在教育工作中缺乏针对性，未能有效地开展相关的教学活动。尽管如此，也有一些教育机构和教师开始意识到语言训练和思维训练的重要性，并试图在课堂上实施这些训练。然而，令人遗憾的是，这些尝试的效果往往并不理想，这已经成为教育领域中一个亟待解决的主要问题。

三、语言训练与思维训练相结合的策略

（一）转变教学观念，在清晰认知训练的基础上制定合理的训练方案

教师在进行语言训练和思维训练的过程中扮演着至关重要的角色，他们是这两项训练的主要执行者和推动者。然而，如果教师的教育观念和思维方式仍然固守在传统的教学模式之中，那么这种陈旧的观念将会对中学语文课堂上的语言训练和思维训练产生直接的负面影响，从而降低这些训练的实施效果。因此，我们必须从教师的教学观念入手，采取一系列措施来改变这种状况。

首先，对教师进行有效的监督和激励，鼓励他们进行自主性的学习和自我提升。这是为了提高他们的教学技能，更是为了激发他们对新知识、新理念的渴望和追求。教师通过这种方式可以逐渐摆脱传统教学观念的束缚，开始接受和尝试新的教育思潮和教学理念。

其次，开展系统的培训活动。培训包括最新的教育理论、教学方法和教

第三章　创新教育视野下中学语文教学法改革的核心理念

学工具等内容，使教师接触到教育领域的新动态和新趋势。教师通过这些培训可以逐步更新自己的教学观念，摒弃过时的、僵化的教学方法，采用更加灵活、创新的教学方法来应对新的教育目标和教学任务。

（二）尊重学生，以兴趣为主导展开教学，培养学生的探索精神

在语文课堂上，我们常常会发现学生之间存在着显著的差异。作为语文教师，我们不应该仅仅以单一的标准来评判所有学生，因为每个学生都有他们自己的优点和缺点。关键不在于评判，而在于认知和理解。只有在充分了解学生的基础上，我们才能更好地挖掘每一位学生的潜力，这才是正确的教学思路。在这个过程中，教师必须牢记尊重学生的重要性，尊重他们的声音、感受和问题。此外，教师应该以学生的兴趣为教学的主导方向。正如那句老话所说："兴趣是最好的老师"，在兴趣的驱动下，学生的学习效率会大大提高，学习过程也会变得更加愉快。为了培养学生的探究精神，教师应该在课堂上为学生提供一个自由表达的空间和时间，让他们能够大胆地展示自己的想法和观点。通过教师的鼓励和表扬，学生会更加自信，从而取得更好的学习效果。

（三）发挥引导作用，引发学生头脑风暴，提高训练效果

语文教师应将课堂留给学生，让他们自主探索学习，同时发挥教学优势，给予正确引导。这有助于学生打破传统思维，培养创新思维，对全面发展有积极影响。教师可设计有趣新颖的教学任务，逐步推进，激发学生头脑风暴，挖掘潜力，开阔视野。结合理论与实践，让学生在实践中掌握理论，提升学习效果，促进综合素质提升。

第三节 听、说、读、写综合训练

语文教学过程中存在着一个显著的问题，那就是"听、说、读、写"这四种能力的训练往往是割裂的，而且在教学实践中，教师往往更注重"读、写"能力的培养，而忽视了"听、说"能力的训练。这种偏颇的教学方式不仅影响了学生当前的学习和交流，还可能对其未来的思想表达和工作沟通产生不利影响，进而制约了学生综合素质的全面发展。

为了改变这一现状，必须将"听、说、读、写"这四种能力的训练视为一个有机整体，并找到一个能够将它们紧密联系起来的主线。使学生在语文学习中可以获得更为全面和深入的提升，为未来学习和生活打下坚实基础。

一、听、说、读、写的综合分析

（一）培养听的能力

在语文学习的过程中，"听"这一技能扮演着至关重要的角色。所谓"听"，其实就是倾听他人的话语。除了那些不幸患有听力障碍的人之外，绝大多数人在学习语言和文化的过程中，都是从倾听开始的。孩子们在牙牙学语的阶段，他们的语言能力也是在周围环境的影响下，通过听力逐渐发展起来的。当小学生开始接触文字，认识字词时，他们也是先通过听觉来学习，听到老师念出的文字，然后才能模仿着说出来，进而再进行阅读和书写的学习。然而，倾听重在理解内容含义而非模仿发音。具备良好倾听能力者能准确捕捉说话者意图及言外之意，从而顺畅表达并有效交流。若无法理解说话

第三章　创新教育视野下中学语文教学法改革的核心理念

者意图，则会导致沟通障碍，出现尴尬局面。①

对于学生而言，如果在课堂上无法理解老师的讲解，掌握知识要点和应用将变得困难。因此，在语文学习过程中，培养听力技巧显得尤为重要。

为了提高语文听力，首先，要加强字音和字义的辨识能力。由于句子是由字词构成的，理解句子的前提是认识这些字词并了解它们的正确读音。鉴于中国语言文化的复杂性，多音字众多，准确掌握字词的读音和含义对于理解句子至关重要。其次，有效的朗读指导不可或缺。朗读不仅仅是念出文字，更是一种表达情感和内涵的方式。在朗读时，应注意停顿、语调、语音和语速等技巧，以便深入理解文本的深层含义。最后，强化听力理解能力的训练至关重要。将文章内容进行分层，识别出重难点，把握中心思想，并分析具体含义。通过这样的训练，学生能够提升自己的听力理解能力，为将来的学习和生活打下坚实的基础。

（二）发展说的技巧

学习过程中，听与说相辅相成。聆听积累知识，表达则运用知识。学生须将所学语言表达并应用于生活，才算真正掌握。日常生活中，常用"口若悬河"形容能言善辩者。②说话是表达思想和传递信息的重要方式。说话过程须筛选、归纳和整理信息，是语文学习的关键。教师应鼓励学生多表达，从单句到文章，锻炼口语和逻辑思维能力。可安排演讲时间、举办演讲比赛等方式进行训练。教师可推荐口才锻炼书籍如《演讲与口才》，帮助学生提升阅读量和词汇量，增强表达能力。综合训练使学生口语表达更流利，自信应用知识，实现学以致用。

---

① 曹斌.听说读写整体训练在职高语文教学中的应用[J].中学语文，2018（3）：111-112.
② 高景丽.语文教学中听说读写训练要有机结合[J].学周刊，2016（35）：207-208.

（三）加强读的训练

"熟读唐诗三百首，不会作诗也会吟"，这句话强调了朗读对学诗的重要性。朱自清也指出朗读能提升口语和写作技巧。朗读在语文学习中地位重要，注入情感、声情并茂、抑扬顿挫的朗读能培养学生语感，感受文章美感和韵律。[①]

首先，重视课本文章的朗读教学。语文课本文章经专家挑选，涵盖广泛知识，具有科学性、知识性和人文性。

其次，引入课外读物，如报纸、文摘、经典文学作品，以补充学生文学素养，并鼓励学生记忆著名词句，积累文学素材。

在语文教学中，教师不应机械地引导学生"读"。教师应鼓励学生朗读、常读和反复读，以培养良好读书习惯。朗读能帮助学生深入理解文章深层含义和作者情感，提升阅读理解和文学鉴赏能力。这样，学生不仅能提高语文素养，还能在情感上得到熏陶，情感世界更丰富细腻。

（四）提高写的水平

写作能力是语文教学中的一项至关重要的内容。在语文教学的过程中，仅仅依赖教师讲解写作技巧是远远不够的，因为这并不能真正锻炼和提升学生的写作能力。为了有效地提高学生的写作水平，教师需要在课堂上给予学生更多的指导，并且要注重加强学生在写作方面的实际训练。通过这种方式，学生可以在日常学习中积累丰富的文学素材，逐步养成良好的写作习惯。随着时间的推移，学生将能够逐渐达到出口成章的境界，从而使得他们的写作能力得到显著的提升。

在日常教学中，教师可鼓励学生撰写随笔，记录有趣或有意义的事。随笔训练提供自由写作空间，无素材和形式限制，提高写作热情，激发写作兴

[①] 刘佳平."听说读写思议悟练"在语文课堂中的实践运用[J].科学中国人，2015（26）：219.

趣。学生可自由表达思想和情感，培养创造思维。此训练方法有助于提升学生的写作能力。

二、听、说、读、写综合训练阶段

培养学生的"听、说、读、写、评"能力，关键在于提升自主学习能力，同时强化创新思维。此过程分为四阶段：准备阶段激发兴趣，文体训练掌握文体技巧，语言综合训练提升运用能力，能力提高和巩固阶段确保实际运用。每阶段设六步骤，计划每学期完成，确保教学效果。

（一）准备阶段

在小学和中学阶段，学生需要完成学习观念和学习方法上的衔接过渡，以确保他们在学习过程中能够顺利地从一个阶段过渡到另一个阶段。在这个过程中，学生需要完成初中阶段的50首诗词积累与背诵任务，这不仅能够帮助他们积累丰富的文学知识，还能够为他们的语文能力发展和提升打下坚实的基础。在教学过程中，教师需要初步培养学生在"听、说、读、写、评"这五个方面的习惯，使他们在课堂上能够全面发展这些综合能力。教师可以通过各种教学活动和方法，引导学生在这些方面多下功夫，从而提高他们的语言表达和理解能力。通过写小楷的形式，学生需要累计认识常用汉字3500个左右，并且要求他们能够写出一手漂亮的汉字。这不仅能够帮助学生掌握汉字的基本书写技巧，还能够提高他们的审美能力和文化素养。

初中需要学修辞、汉语知识、文章表达技巧、结构、语言分析、欣赏常识、考试命题特点等。这些知识为学生写作、评价文章作准备，提升写作和鉴赏能力。教学任务艰巨，影响后续阶段。教师需要全力准备，确保学生成绩。

（二）文体训练阶段

为了让学生掌握阅读和写作技巧，须明确两者相辅相成。阅读能积累素材和经验，助力写作。应引导学生整合不同文体知识，掌握核心要素和精髓。例如，教授记叙文阅读用"三步法"。第一步"析"，分析记叙文要素，整体感知课文。第二步"抓"，抓住行文线索，理清文章结构。第三步"看"，通过三看把握主旨：看题目概括主旨，如《热爱生命》；看开头结尾点题，如《背影》；看作者态度反映情感和价值观，如《阿长与〈山海经〉》。

再如，对于议论文，遵循"引—议—联—结"的阅读写作规律。对于说明文则梳理为：找对象、抓特征、理顺序、辨方法、析语言、讲特色。学生按此法学习，提高效率。

在此阶段，重点是"评价"性思维训练。做法为：课前，学生轮流朗读习作。两名主评学生评析优劣，其他同学可补充。成功作文受表扬，并展示在班级园地，供交流学习或推荐发表。不足作文获中肯建议，作者可据此修改。

完成该环节后，组织学生深入学习语文教材。学生用已掌握的评价作文技巧分析课文，写读书笔记并全班交流。此过程旨在互相学习，整理笔记，熟读课文，感受经典文本。目标是培养学生的自学和总结能力，提升学生的阅读和写作能力。

（三）语言综合训练提高阶段

学生掌握基础写作技能后，面临的主要问题是语言表达技能，包括表达的连贯性、得体性、繁简适度及清晰度。解决关键在于提升语言得体性。训练形式包括：注重学生习作的赏析评价，跟踪指导修改；学习积累优秀作品中的精彩语言，进行批注阅读。结合语言实践与学习，提升学生对汉语的感知。通过写作活动激发兴趣，安排写作任务提升能力。阅读经典文学作品，学习恰当表达。教师应注意培养学生的批判性思维，鼓励其深入分析，丰富阅读积累。综合训练后，学生将能自如运用语言进行有效沟通。

第三章 创新教育视野下中学语文教学法改革的核心理念

（四）能力提高巩固阶段

在这一阶段，通过一系列有针对性的训练和实践活动，不断强化和巩固这些技能。我们的目的是让学生从之前不稳定的状态，逐渐过渡到形成一种稳定的能力。这种稳定的能力将使学生能够在日常学习和生活中，无须过多外部督促，就能自觉地、持续地运用这些技能。通过这样的培养，我们希望学生能够在语言学习的各个方面都能够自如地应对各种挑战，从而在未来的学术和职业生涯中更加自信和成功。

三、听、说、读、写综合训练的策略

（一）重视听、说、读、写的辩证关系

叶圣陶先生提出的"听说读写并重"观点，揭示了语文基本技能间的内在联系。教学实践中，教师应摒弃旧观念，重视四项技能的辩证统一。叶圣陶指出，听读是理解吸收，说写是表达倾吐。理解与吸收是外部到内部的过程，表达与倾吐则是内部到外部的过程。四项技能各具特点，相互依存、制约。听读为说写提供素材，说写促进听读的深入。因此，四项技能应同等重视。教师须深刻认识其关系，有效培养学生语文综合能力。

（二）做到四项内容科学配合，全面训练

在传统的语文教学过程中，许多教师往往忽略了对学生口头语言能力培养的重视，对于听和说的训练并没有给予足够的关注和实施。这种现象在过去的教学实践中已经变得相当普遍。然而，随着教育改革的推进，素质教育的实施，人们开始重新认识到听和说训练在教学中的重要性，并将其重新纳入教学体系中。在这个问题上，著名教育家叶圣陶对于语文教学有着自己独到的见解。他认为，在语文学习中，口头语言的表达和倾听，以及书面语言

的阅读和写作，这四种技能都是至关重要的，都应该被学生掌握。同时，叶圣陶也对那些不重视听说训练的教学方法提出了批评。他不赞同那种仅仅通过作文成绩来评价语文课效果的观点，也不认同将阅读仅仅视为练习写作的手段的做法。①他认为，这两种观点都是片面的，不妥当的。叶圣陶强调，语文学习不能仅仅关注阅读和写作，而忽视了听说的重要性。他主张，语文教学应该全面均衡地发展听说读写这四项技能，要求教师在教学过程中给予同等的重视。他认为，通过加强说话训练，可以有效提高语文教学的整体水平。在当前素质教育的大背景下，语文学科作为基础学科之一，必须注重听说读写能力的同步提升，这样才能真正实现学生语文综合能力的提高，培养出能够适应现代社会需求的全面发展的人才。

第四节　课内与课外相互促进

《义务教育语文课程标准》（2022年版）明确指出，核心素养是语文课程目标中一个至关重要的组成部分。②旨在打破传统教育的局限，鼓励学生在更广阔的空间中进行语文学习，从而实现语文素养的全面提升。通过这种全方位的教育模式，学生不仅能够在课堂上获得知识，还能在日常生活中不断实践和应用所学知识，形成一个良性循环的学习过程。

---

① 焦提静.叶圣陶的语文教育思想研究[J].文学教育（下）2023（7）：22-24.
② 中华人民共和国教育部.义务教育语文课程标准（2022年版）[S].北京：北京师范大学出版社，2022：3.

第三章 创新教育视野下中学语文教学法改革的核心理念

一、课内与课外相互促进的必要性与可行性

（一）课内与课外相互促进的必要性

在当前基础教育领域，应试教育的弊端日益凸显，导致教育的本质和目标被扭曲。在这种背景下，语文教学往往片面追求所谓的"实用性"，结果培养出的学生往往只注重应试技巧，而忽视了真正的语文素养。面对这种困境，语文教师如何避免陷入形式主义的泥潭，如何在教学领域中激发学生的学习兴趣，实现乐教乐学的新局面呢？关键在于将课内教学与课外活动有效衔接起来，这样才能解决这一棘手的问题。

第一，课内与课外的知识、经验和观念本质上是相互联系、不可分割的。教学过程中，我们只是出于教学的需要，从这些内容中选取一部分作为课内教学的范例。然而，在教学实践中，我们必须努力恢复这些内容本来的一体性，让学生能够全面地理解和掌握。

第二，课内与课外的内容之间存在着一种"一与三"的关系。在教学中，我们应当从"一"出发，进而扩展到"三"，只有将这两者有机地衔接起来，才能为学生提供一个完整、系统的知识体系。

第三，学生在学习过程中，无论是学与练、理解与巩固、掌握与实践，还是务虚与务实之间，都存在着一种内在的"迁移"关系。这种关系要求我们在教学中实现课内与课外的有效衔接，以促进学生全面而深入地学习。

第四，没有课外知识的辅助，教师在课内教学中也难以将知识讲解得清晰、透彻。课外知识的引入，可以为学生提供更多的背景信息和实际应用的场景，从而帮助他们更好地理解和掌握课内知识。

因此，通过课内与课外衔接，可避免教学脱离生活，避免学生因学习方式单调而降低学习效率。一语文教师在教《中国石拱桥》时，学生不解为何用"拼成"不用"组成"。教师首次用宴席拼盘作比，但效果不佳。后教师改进，以宴席拼盘和大杂烩为例，说明拱圈独立性与"拼成"的含义。学生听后理解。教师通过生活实例，将课内与课外结合，有效解决学

生疑惑。

事实证明，仅在课内进行语文教学或徘徊于"两结合"等方法是不完整的。只有课内与课外紧密衔接，语文教学才有生命力。课内与课外相互促进是创新，是语文训练实践化的创新。它打破思维定势，突破传统模式，注重学生素养、能力和潜能的培养，创造性地授予学习策略。它强调整体教学观，是摆脱僵化状态的可取之径。抓住课内与课外相互促进的机会，适时用好此方法，循循诱导，可走出教学误区，增大课堂容量，提高教学效率。

（二）课内与课外相互促进的可行性

语文教学界意识到课外活动的重要性，特别是在追求科学、人性化的教育过程中。近年来，教育改革和教学研究显示，将课内教学与课外活动结合具有可行性，主要体现在以下几个方面。

第一，创新教育视野下的"开放性"教学理念，要求课堂教学与课外生活相结合。例如，教授《米洛斯的维纳斯》时，结合公园、博物馆、街道中的雕塑，特别是著名雕塑如米开朗基罗的大卫、罗丹的思想者，帮助学生理解并鉴赏其相似性。以"失去的双臂"为切入点，激发学生思维，拓宽视野，这正是"开放性"教学理念的体现。

第二，教师的人生经历、生活阅历和学习积累为课堂教学与课外生活经验相互促进创造了条件。在教授《米洛斯的维纳斯》时，教师可依据自身经验，援引艺术表现上的虚与实、有与无及审美情趣等，帮助学生理解作者观点。这样，学生能在具体形象的教授中更好地领会作者意图。

第三，学生经历、阅历和积累为课堂与课外相互促进创造了条件。维纳斯的缺憾美激发想象。学生根据观察的人体雕像、工艺品等阐释，用所学艺术方法填补，完善对维纳斯的认识。这为理解作者意图提供了铺垫。

第三章 创新教育视野下中学语文教学法改革的核心理念

二、课内与课外相互促进的目的、原则与功能

（一）课内与课外相互促进的目的

通过将课堂内与课外教学活动结合，促进学生语文能力发展，推动素质和谐发展。具体表现如下。

首先，该教学方式适应青少年身心发展规律，体现语文本质属性。初高中生心理机制未成熟，世界观未形成，心理具过渡性、闭锁性、社会性和动荡性。教育上，学生心理发展主要为智力发展和个性形成。通过课堂内外相互促进的教学方式，可发挥语文工具作用，促进思想交流和智力开发；同时发挥人文作用，创新语言运用、内容、目标和材料，提升教学效果。

其次，此教学方式能增强学生自我效能感，激发学习兴趣。应试教育下，学生压力大，学习不适应问题严重，厌学症和焦虑症尤为明显。通过课堂内外互动教学，可改善学生身心健康，提高自我效能感，激发学生对语文的热爱和学习热情。

再次，此教学方式助学生深化理解并巩固知识。课堂时间有限，学生难以及时消化所有内容。结合课外知识与生活经验，可促进知识消化，加深理解，夯实所学。

最后，此教学方式能丰富教师知识，提升教学能力。教师须在课前充分准备，博览群书，留心社会生活素材，以丰富经验和见识。在课堂内外相互促进下，教师能更自如地进行教学。

（二）课内与课外相互促进的原则

要实现课内学习与课外活动之间的有效互动和相互促进，我认为关键在于做好二者之间的衔接工作。具体来说，我们需要坚持一些基本原则，以确保课内学习与课外活动能够相辅相成，共同促进学生的全面发展。

1.有机衔接原则

"有机衔接"意味着课堂内容与学生课外生活经验的深度融合，这要求

教师灵活应对，避免牵强附会。尽管学生的课外生活丰富多彩，但每堂课能够衔接的内容却是有限的。因此，教师应当精心挑选教学素材，运用"去粗取精，去伪存真"以及"普遍搜集，重点捕捉"的策略，挑选与课文内容相似、相近或相关的素材，并考虑这些素材与课文内容的相似性、相近性和相关性。衔接的方式多种多样，需要根据教学内容和目标来决定。课内外的衔接相互渗透，是语文教学中不可或缺的有机组成部分。

以《米洛斯的维纳斯》为例，其核心观点在于：失去双臂反而成就了其美丽。在教学过程中，教师应当围绕"双臂的失去"这一主题挑选素材，尤其是与手臂相关的素材。在衔接素材与核心观点时，可以采用正反对比的方法，例如探讨维纳斯未失双臂的可能性，并将其与现实生活中雕像、绘画中的手形进行对比。这种方法有助于引导学生理解虚实相生的审美情趣，认识到残缺反而使维纳斯的美得以永恒。如果缺乏有机衔接，学生则难以深刻理解这一观点。

2. 有度衔接原则

"有度"原则强调课内教学与课外实践结合，课文内容主导，课外经验补充。此举可助学生把握方向，深化理解；也利教师指导，培养实际能力。因此，教师应慎用日常素材，把握"度"，合理且恰到好处地运用，避免喧宾夺主或滥用。此外，教师在处理教材内容时须谨慎，特别是引入生活素材时，须平衡课内与课外活动的比例。设定衔接目标、选择方法和安排过程时，要把握好"度"。课内教学为基础，课外实践为补充。如教《米洛斯的维纳斯》，须重点理解"残缺之美也是一种完整的美"。为深化理解，可适当引入学生生活经验，但须在学生理解核心观点后进行，且须教师筛选和处理，确保辅助教学而非扰乱课堂。

（三）课内与课外相互促进的功能

通过有效衔接手段，语文教师可培养学生能力，激发自学潜能，具有显著功能和积极影响。表现如下。

首先，激发学生学习积极性可提升其语文应用、审美和探究能力，拓宽视野，促进均衡发展。例如，教学《米洛斯的维纳斯》时，教师可引导学生

第三章 创新教育视野下中学语文教学法改革的核心理念

探索维纳斯之美,引发学生疑问,如为何维纳斯双臂残缺仍美。讨论后,教师解释残缺的双臂带来无限想象空间,使学生感受到艺术虚实相生的魅力,明白这正是维纳斯迷人的原因。

其次,通过摸索出科学可行的教学规律,教师可提高教学效能感。以"维纳斯双臂残缺"为例,教师须找到衔接点并运用恰当方法,让学生在愉悦氛围中认识艺术效果。长此以往,各方评价将积极,有助于提高教师教学效能感。

最后,建立适应素质教育的教学程序,教师能突破应试体系,为师生减负。以《米洛斯的维纳斯》为例,传统方法使师生负担重。但确定教学目标(鉴赏美),依据能力训练点(理解作者观点),用衔接方法(如正反接)互动,师生会感到轻松。在活跃氛围中,师生能愉快实现教学目标。

三、课内与课外相互促进的方式与策略

(一)课内与课外相互促进的方式

课堂是实施语文教育的核心场所,是培养学生语言能力、文学素养和思维品质的主要阵地。在语文教学中,课内外的相互促进显得尤为重要,它能够使学生在理论学习与实际应用之间架起一座桥梁,从而更好地理解和掌握语文知识。这种课内与课外的密切衔接主要体现在以下几个方面。

1.教与学理论学习与实践锻炼上的相互促进

课内外相互结合的核心理念在于以课堂内的教学内容为基础,将教科书视为一个具体的"例子"。在这个过程中,学生需要在课堂上深入学习和理解这个"例子",通过它来掌握语文知识和技能。通过这种方式,学生能够举一反三,进行有效的训练,从而真正掌握语文的精髓。然而,仅依靠教科书所提供的信息量往往是不够的,因此,学生需要向课外拓展,进行更广泛的学习和探索。

课外的学习和探索不仅是为了补充课内知识的不足,更是为了与实践相

结合，使学生能够将理论知识应用到实际生活中去。在这个过程中，学生需要积累和培养自己的文化素养，强调理论学习的重要性。在此基础上，学生还需要进行实际的锻炼，将所学知识转化为实际能力。

2.教师的教法与学生的学法上的相互促进

在教育的过程中，教师扮演着至关重要的引导者角色。他们以衔接为核心理念，将学生视为学习的主体，以此为基础展开教学活动。这里的"教"主要指的是对学生进行方法上的指导，确保学生能够在学习过程中占据主导地位。教师通过讲授教科书中的内容，帮助学生掌握学习语文的技巧和方法。这种教学方法必须有一个明确的目标，即每一篇课文的教学都应当有其特定的目的和意义。教师需要突出教学内容中的重点和难点，同时要遵循学生的认知发展规律，确保教学内容既符合学生的实际水平，又能促进他们的认知发展。

在教学过程中，教师应当围绕衔接这一核心理念，针对学生的学习需求和能力训练点进行教学设计。学生在学习过程中，通过教师的讲授和指导，不仅要学会知识，更要学会如何学习，即"会学"。教师应当注重培养学生的自主学习能力，使他们能够在学会的基础上进一步提升自己的学习能力。

在教学活动中，教师和学生之间应当建立一种合作关系。师生之间应当平等相待，相互尊重对方的人格。教师和学生在教学过程中既是主体又是客体，他们的任务、地位和作用应当统一协调，共同促进教学目标的实现。教师应当经常站在学生的角度思考问题，不仅仅满足于让学生学会知识，更要注重培养他们独立思考和解决问题的能力。学生也应当发挥自己的主动性、积极性和创造性，积极参与学习过程，与教师共同合作，共同创造出和谐、有效的教学氛围。通过这种互动和合作，教学活动才能真正达到预期的效果，促进学生的全面发展。

3.教与学的评价标准上的相互促进

在教育的过程中，无论是教师的教导还是学生的求学，都应当以衔接性为指导原则。这意味着无论是教还是学，都应当紧密围绕着具体的课文内容和特定的能力训练点来进行有效的衔接。这种衔接不仅体现在教学内容的连贯性上，还体现在教学方法和教学效果的相互关联上。

在评价教学与学习的效果时，可以从多个方面进行综合考量。在教学目

第三章 创新教育视野下中学语文教学法改革的核心理念

的方面,我们需要评估教学活动是否与课程标准的要求相符合,是否紧密围绕课程目标进行设计,同时是否能够有效地拓展到课外知识,以增强学生的综合素养。在教学内容方面,我们要关注知识点是否得到了突出的展示,内容之间是否存在良好的衔接性,以及是否注重了对学生能力的训练和提升。在教学过程方面,评价标准应当包括教学活动是否主次分明,思路是否清晰有序,以及是否具有一定的科学性和逻辑性。在教学方法方面,我们应当关注教师是否能够有效地结合学生的主体地位和教师的主导作用,是否注重对学生学习方法的点拨和引导,以及是否能够激发学生的情感和兴趣。在教学效果方面,我们需要评估教学活动是否为学生打下了坚实的学习基础,学生是否真正掌握了必要的学习技能,并且是否理解并运用了有效的学习方法。

通过这些综合性的评价标准,我们可以确保教学与学习的衔接性得到充分的体现,从而提高教育的整体效果,使学生能够在知识、能力和情感等多方面得到全面发展。

(二)课内与课外相互促进的策略

通过课内与课外的相互促进,以真正实施素质教育,提高语文教学效率,我们必须特别注意以下策略。

1.充分体现新教材的编写意图

在教师确定了所要教授的教材内容之后,接下来的一步就是根据既定的教学目标,精心挑选适合的课外知识资源。这样的做法旨在实现课堂内外知识的相互促进和补充。具体来说,在论述类的教学中,教师应当倾向于选择那些观点明确、材料丰富、思想性和逻辑性都很强的课外材料。这样的材料能够帮助学生更好地理解和掌握论述的技巧,从而提高他们的思维能力和表达能力。

例如,在记叙文的教学中,教师则应当注重挑选那些事实与观点结合紧密、具有典型性和代表性的课外材料。这些材料不仅能够激发学生的兴趣,还能够帮助他们理解记叙文的写作技巧,从而提高他们的写作水平。同时,这些材料还应当具备一定的价值和实用效果,让学生在学习的过程中能够感受到知识的实际应用价值。

在应用文的教学中，教师应当选择那些贴近生活、实实在在的案例来进行讲学。通过这些案例，学生可以更直观地了解知识的实际应用，明白其功用和基本格式。这样的教学方式不仅能够提高学生的学习兴趣，还能够帮助他们更好地掌握知识，提高实际应用能力。

在作文教学中，教师应当让学生明白"问渠哪得清如许，为有源头活水来"的道理。为此，教师应当选取与作文要求相应的生活题材，而且这些材料在形式和内容上都应当与课内知识具有相应的衔接性。通过这样的教学方法，学生可以更好地理解作文的写作技巧，提高他们的写作水平。

在听说教学方面，教师应当注重选择那些有利于培养学生文明态度和语言修养方面的材料。所选材料应当是学生感兴趣的、贴近生活的实际话题，而且要采用灵活多样的形式，有针对性地进行教学。这样不仅能够提高学生的听说能力，还能够帮助他们更好地理解和掌握语言的实际应用，从而提高他们的语言表达能力和交际能力。

2.充分体现教师的教学风格

在教学实践中，教师如何挑选恰当的教学策略以促进课堂内外的互动，以及采取何种技巧来实现这一目标，对教学成效的提升至关重要。每位教师可能拥有不同的教学目标和偏好。然而，在语文教学这一旨在培育高尚情操和完整人格的领域中，教学是一个需要融入个人经验和情感的内化过程。教学策略应根据学生的个体差异和特点量身定制。只有那些能够反映教师个人特色的教学方法，才能有助于教师发挥其独特的教学才能，从而实现高效的教学成果。因此，在语文教学中，课堂内外的互动必须充分展现教师的教学风格和特点，以更好地激发学生的学习兴趣，提升他们的学习成效。教师应依据自身的教学理念和方法，灵活运用多样化的教学手段，使课堂内外的教学活动相得益彰，共同推动学生的全面成长。

第四章　创新教育视野下中学语文教学方法的多样化与革新

在创新教育视野下，中学语文教学方法趋向多样化和革新，并以情境教学法、项目式学习和合作学习模式为代表。情境教学法创设贴近生活的情境，帮助学生理解文本，提升语文素养。项目式学习强调实践，培养综合能力。合作学习模式促进交流和合作，提高效率和团队精神。创新教育视野下的教学方法为学生提供了更多的学习机会，本章重点分析这三种教学法。

第一节　情境教学法在语文课堂的应用

经过多年的探索和实践，情境教学法已经在语文教育领域中占据了重要的地位，并且为教育事业作出了显著的贡献。有时候过于注重情境的创设可能会导致教学内容的深度和系统性受到影响，或者在某些情况下，情境的创设可能会显得过于刻意，难以达到预期的教学效果。因此，应以一种公正和客观的态度来审视情境教学法，既要看到它在教学中的积极作用，也要正视其存的问题和不足。通过对情境教学法的不断反思和改进，我们可以更好地发挥其在语文教育中的优势，同时克服其局限性，从而为学生提供更加高效和全面的教学体验。

一、情境教学法的内涵

情境有两种含义：一是"带有感情的环境"，指能引发情感变化的自然环境或社会环境；二是"具体场合的情形或景象"。古代文论中，情境指文本中景物描绘和事件叙述营造的情感氛围。简言之，情境是情感与环境的融合。

随着时代的发展，"情境"在《普通高中语文课程标准（2020年修订版）》中被频繁提及。实际应用中，情境包括"语言运用情境"及"交际情境""学习情境""阅读情境""个人体验情境""社会生活情境"等。[①]新课标多次提及"真实的语言运用情境"等概念，语文教育工作者热烈讨论。部分教师认为其指学生须面对的真实环境，可培养解决问题能力。但徐林祥、

---

① 中华人民共和国教育部制定.普通高中语文课程标准（2020年修订版）[S].北京：人民教育出版社，2020：6.

第四章　创新教育视野下中学语文教学方法的多样化与革新

郑昀提出不同看法，认为教学均在特定情境中进行，语文教学尤其如此，不仅限于真实环境，还包括虚拟情境。

在西方，Brown、Collin和Duguid在1989年的论文《情境认知与学习文化》中阐述了情境教学的概念。[①]他们发现，一些从事普通职业的人，如木匠、修车师傅、糕点师等，虽未受高等教育或专业培训，但能解决复杂问题。这源于他们在真实环境中长期工作学习，形成了系统的解决问题能力。因此，他们认为知识应在情境中产生意义，学习知识的最佳途径是在情境中进行。[②]

关于情境教学法的概念，主流观点如下。

第一种观点：情境教学利用具体场景激发学生学习兴趣，提高学习效率。

第二种观点：情境教学通过生活场景、多媒体等手段创设教学情境，使学生在情境中观察、体验、思考、练习，掌握内容，完成任务。

第三种观点：情境教学是教师根据教材创设具体场景，激发学生主动学习，达到最佳教学效果。

第四种观点：情境教学从情感与环境的辩证关系出发，创设典型场景，结合情感与认知活动，创建教学模式。

二、情境教学法在中学语文课堂中的应用路径

中学语文教学与义务教育阶段有显著区别，不仅延伸拓展语文教学内容，还提升语文素养。目标是培养应用能力、探究能力和审美鉴赏能力，为学生个性发展和终身学习打基础。但受应试教育影响，许多学校仍重视考试

[①] Brown. J. S., Collin. A & Duguid, P. Situated Congnition and the Culture of Learning[J]. Educational Research, 1989, 18（1）: 32-34.
[②] Brown. J. S., Collin. A & Duguid, P. Situated Congnition and the Culture of Learning[J]. Educational Research, 1989, 18（1）: 32-34.

成绩，忽视人文素养培养，削弱了语文教学的意义和价值。

情境教学法若得恰当运用，可促进认知发展，提高学业成绩，培养语文素养。学生在愉悦氛围中学习，无形中提升语文能力。新时期的创新教育建议教师从个人体验、社会生活、学科认知三个维度构建语文实践情境。王宁教授认为"真实情境"须由思考引导，积累经验，丰富语言运用。①

在中学语文教学中，情境教学法应真实有效引导学生思维和情感碰撞。教师须设计情境，让学生体验和感悟，激发学习兴趣和探究欲。情境教学法能让学生掌握知识和技能，促进情感、态度和价值观发展。这有助于实现中学语文教育目标，为学生未来的学习和生活打好基础。

（一）语言描述带入情境

创新教育要求培养学生在积极语言实践中构建的语言能力及其品质，并在真实情境中表现。这一要求凸显语言在教学中的核心地位，所有教学形式和方法须依赖教学语言实现目标。因此，教师特别是语文教师须具备生动简洁的语言表达能力，这是必备技能。学生情感和认知通过语言传递和理解。在教学过程中，学生情感可能含蓄或理解不深。教师应用生动形象语言调动学生情感体验。枯燥语言无法激发兴趣，致气氛沉闷，感情激发无从谈起。本质上，此课堂为失败语文课。

中学阶段，学生思维由形象思维转向抽象思维。随着教材难度提升，直观情境教学手段不再适用于深度文章。学生生活经验增多，教师语言描述即可引发共鸣，促进情感与认知发展。

在一些诗词和散文中，可用深情形象的话语导入。古诗文特点是言约意丰，情感真挚，境界高远。场景画面动态生成，须发挥抽象思维。因理解及情感不同，每个人脑海中的画面意境各异。教师须用语言创造良好情境，激发学生想象力，使其感受语言魅力和文章意境美。

在运用语言描述创设情境时，须注意：一、语言要新奇，激发兴趣；

---

①《语文建设》编辑部.语文学习任务群的"是"与"非"[J].语文建设，2019（1）：4—7.

二、语言要形象，使学生身临其境；三、语言要简洁，避免冗长；四、语言要启发性，激发学生思维。教师应具备新思想、新创意，用有声语言塑造形象，简洁凝练地引导，并调动学生思维，诱发主动性，以促进对文本的体会和理解。因此，语文教师的语言表达能力对于教学是至关重要的。但是，要具备这样的表达技能并不是三五天就能练成的，教师必须经过无数次的历练，不断积累和提高自身文化修养。

（二）问题引导深入情境

在清代，有一位著名的学者名叫刘开云，他曾深刻地指出："一个品德高尚的学者，必须具备好问的精神。学问和提问，这两者是相辅相成、共同前行的。如果没有学习，人们就无法产生疑问；而如果没有提问，人们的知识和见识就无法得到扩展和增长。"①这句话揭示了学习和提问的紧密关系。两者相辅相成，构成获取知识和认知的完整过程。在文章教学中，提问、探讨、解疑是基础环节，"问题"贯穿始终。

创设问题情境是教师依据教材和学生认知水平，设计问题激发学生求知欲，促进主动思考与解决问题。此方法能引导学生深入理解文本，培养批判性思维和解决问题能力。

创设问题情境可多角度进行。教师可利用学生不同看法提问，引导讨论；深入学生问题，进行探讨；或在理解错误处设问，纠正理解。中学阶段，学生逻辑思维和理性意识成熟，能全面深刻理解问题，易接受非直观教学情境，为创设问题情境提供了有利内在条件。

问题情境激发学生的思维与感受，与认知、生活经验相关。共鸣问题易激起探究兴趣，适用于小说、诗歌等文本教学。小说源于生活，通过情节展示社会，刻画人物形象。目的不仅是反映生活，更在于引发思考，探究社会意义。小说教学旨在教学生学会生活和处事。

中学生随年龄增长，接触的事物增多，对社会现象感触加深，生活阅历

---

① 蔡伟，纪勇.语文案例教学论：课堂导入与收束[M].杭州：浙江大学出版社，2012：75.

提升促进了情感思维发展。同时,信息获取手段多样化,对前沿科研产品和技术有所了解。因此,贴近学生生活经验和认知的问题更能激发兴趣,引发思考。

首先,教师可依据学生不同观点提问,激发思考和讨论。以马斯洛需求层次理论为例,中学生多关注尊重和自我实现需求,渴望得到教师认可。每个观点代表学习成就,表现机会能增强兴趣和注意力。

其次,教师可以设计贯穿全文的线索问题,如教学《边城》时问:"凤凰古城有何魅力让沈从文依恋?"此问题激发学生兴趣,贯穿全文。学生理解文章后,找到答案:古城风景、风俗、人情美。随后围绕这三点解读文本。此模式简单有效,保持课堂秩序,帮助教师掌握方向。

教师可提问学生易忽视易错之处,助其掌握知识点。如教学《故都的秋》时,笔者提问:"作者描写秋景的顺序是时间还是空间?"学生反应热烈,但讨论后得出散文"形散神不散"的特点。此问题提升学生思辨能力,加深知识点掌握。

在运用问题引导创设教学情境时,教师须关注以下几个关键点。

问题针对性:问题须为"真问题",与学生学情和教材能力、情感价值相结合,具备难度、深度和跨度,追求质量而非数量。避免无效问题,如脱离教学目标的提问,以减少课堂时间浪费,锻炼学生思维能力。

问题逻辑性:依据教材结构和系统性,设计有层次、有梯度的问题。关注学生反应,适时启发引导,将难题分解为小问题,循序渐进,避免简单或复杂问题打击学生积极性。问题衔接须自然流畅。

问题平等性:创新教育强调平等的师生关系,在语文教学中,教师为引导者,学生为主体。学生主动提问、表达观点,教师适时帮助。此模式可促进多方对话,增进师生关系。

(三)生活体验走入实境

文学作品真实地映射了作者所处的历史时期。为了深入鉴赏文学作品,了解作者的背景、社会环境以及创作动机是至关重要的。然而,由于古代诗词和现代文学作品与当代生活存在较大距离,学生们往往难以把握其内涵。

第四章　创新教育视野下中学语文教学方法的多样化与革新

随着对传统文化重视程度的提升，古诗文在教学中的比重有所增加。因此，语文教师面临着寻找有效策略，以帮助学生深入理解作品及其作者所表达的情感。为达此目的，教师可采用展示生活情境的教学法，创设情境，连接作品描绘的生活与学生经验。学生因此能体验文中生活，拉近与文本距离，深入理解内容。

李吉林所倡导的生活展现情境的教学方式，主要是通过将学生带入社会和大自然中的实际体验，让学生亲身感受和观察，从而获得丰富的写作素材和灵感。[①]李吉林的教学法适用于小学生写作、中学生阅读。如教《荷塘月色》时，教师可带学生到荷塘边观察。现代学生压力大，接触自然少，此举可丰富学生体验，感受语言美与意境美。在教授《归园田居》时，教师可带学生体验田园生活，感受田园风光及作者归隐乐趣。

课堂教学应走进现实和大自然，体验感悟，效果更直接有趣。教师应创造条件，让学生多接触实境，丰富体验，提升文学鉴赏和审美情趣。此外，教师利用模拟还原情境，使学生更生动感受生活。对无法亲身体验的作品，教师可用图片、音频、表演、搭建临时场景等方式，让学生身临其境。如教《雨巷》，教师可展示雨巷图片，配抒情音乐，让学生想象自己为戴望舒，漫步雨巷。过程中无声音、阳光、知己，只有黑暗潮湿的巷子和孤独的自己。这让学生体会作者在黑暗沉闷社会中，怀揣梦想却无法实现的悲伤。

（四）角色扮演还原情境

人本主义教育理念注重学生情感和体验，视学生为学习主体，教师为引导者和促进者。角色扮演是有效的教学方法，指学生在教师指导下选择角色表演，深入理解人物。适用于故事性强的作品，如小说、文言文和戏剧。通过角色扮演，学生直观感受人物性格和情感，加深理解。常见方式有分角色朗读和改编课本剧。

分角色朗读是选取作品重要片段，让学生扮演或朗读，还原人物形象和

---

① 李吉林.李吉林文集卷一：情境教学实验与研究[M].北京：人民教育出版社，2006：61.

场景画面，直观感受人物语言、动作、心理和神态等要素，更好地呈现故事情节，突出人物性格，表现人物情感。例如，在《装在套子里的人》中，选取别里科夫与柯瓦连科争论的片段，通过表演，深入理解人物性格。朗读和表演能让学生更亲近角色，加深审美体验，且形式生动，使学生兴奋，教学效果好。片段表演适合穿插在课文讲解中，即兴表演，难度低，时间短，效果佳。此外，可将作品改编成课本剧表演，如《雷雨》《哈姆雷特》《鸿门宴》等。这些作品情节复杂，适合学生自编剧本、导演和表演，教师适时指导。这能让学生在情境中研究剧情、分析人物，激发兴趣，培养创造性思维，营造轻松学习氛围。表演中，学生认知与情感被调动，随剧情发展丰富升华。融入角色时，学生与角色共鸣，其他学生如观影视剧，易受感染。全体学生无意识进入角色情境，加深理解。此方式可全面锻炼学生的听、说、读、写能力，促进学生全面发展，提升素质教育水平。

在采用角色扮演法时，教师的引导作用至关重要。学生可能因为游戏的乐趣而参与其中，却可能对活动的严肃性认识不足。特别是在处理严肃主题时，缺乏教师的适当指导可能会导致学生在情感表达上失去控制，进而影响课堂的整体氛围。因此，教师应当在角色分配阶段就参与进来，确保每个学生都能扮演适合自己的角色。同时，教师还应引导学生深入体验人物的性格、情感和冲突。角色扮演作为一种教学手段，其核心目的不应被忽视。教学的重点应放在理解文本内容、情感共鸣以及表演的专注度上，而不是仅仅关注外在的装扮和布置。课本剧的使用不宜过于频繁，教学的重心应始终放在语言学习上。

三、情境教学法在中学语文课堂的应用效果评估

情境教学法通过创设生动、具体的学习情境，使学生在特定的环境中进行学习，从而激发他们的学习兴趣和积极性。这种方法通过模拟真实或接近真实的情境，让学生在身临其境的体验中掌握知识和技能。为了全面评估情境教学法在语文课堂中的应用效果，可以从以下几个方面进行综合分析。

第四章　创新教育视野下中学语文教学方法的多样化与革新

（一）学生学习兴趣的提升

通过情境教学法，学生们能够在具体的情境中亲身体验和感受语文的魅力，从而极大地激发他们的学习兴趣。在实际的教学过程中，教师可以创设各种生动、贴近生活的教学情境，让学生在这些情境中进行角色扮演、情景对话等活动，使他们在轻松愉快的氛围中掌握语文知识。评估学生的学习效果时，教师可以通过问卷调查、访谈、课堂观察等多种方式，全面了解学生对语文学习的态度变化。通过这些评估手段，教师可以观察到学生们在课堂上的参与度是否有所提高，他们在课堂讨论和互动中的频率是否增加，从而判断情境教学法是否真正起到了激发学生学习兴趣的作用。

（二）学习效果的提升

情境教学法是一种非常有效的教学手段，它通过创设具体、生动的情境，使学生在特定的环境中学习，从而更好地理解和掌握知识。这种方法不仅能够激发学生的学习兴趣，还能帮助他们更好地理解和记忆知识点。

在评估情境教学法的效果时，可以通过对比实施情境教学法前后的学习成绩来进行。具体来说，可以通过分析学生在语文基础知识、阅读理解、写作等方面的进步情况，来评估情境教学法的效果。例如，可以通过对比实施情境教学法前后的语文考试成绩，看看学生在基础知识、阅读理解、写作等方面是否有显著的进步。此外，还可以通过其他手段来评估学生对知识点的掌握程度。例如，可以通过测试、作业等方式，来评估学生对知识点的掌握情况。测试可以包括选择题、填空题、简答题等多种题型，以全面评估学生对知识点的理解和掌握程度。作业则可以包括课后练习、小论文、项目报告等多种形式，以检验学生在实际操作中对知识点的应用能力。

（三）思维能力的提升

情境教学法特别强调对学生思维能力的培养，尤其是批判性思维和创造性思维这两种重要的思维方式。在评估学生的学习效果时，教师可以通过多种方式来进行,例如课堂观察和学生作品分析等。通过这些方法,教师可以更直观地了解学生在分析问题和解决问题等方面的能力是否得到了提升。此外,教师还可以设计一些开放性问题,通过这些问题来评估学生在特定情境中的思维活跃度和创新性。这样的评估方式不仅能帮助教师了解学生的学习情况,还能激发学生的思维潜能,使他们在面对复杂问题时能够更加灵活地运用所学知识。

(四)情感态度的培养

情境教学法通过创设具体而生动的情境,使学生在情感上产生强烈的共鸣,从而有效地培养他们的语文素养和人文情怀。这种方法通过将学生带入一个与教学内容相关的具体情境中,使他们在亲身经历和体验中学习,从而更好地理解和掌握知识。评估时,教师可以通过课堂观察、学生访谈、作业分析等多种方式,全面了解学生在情感态度方面的变化。例如,教师可以通过观察学生在课堂上的表现,了解他们对文学作品的理解是否更加深刻,对人物情感的体验是否更加细腻。同时,通过与学生的访谈,教师可以进一步了解学生在情感态度方面的具体变化,如他们对文学作品的感悟是否更加丰富,对人物情感的理解是否更加深入。通过这些评估方式,教师可以更好地了解情境教学法在培养学生语文素养和人文情怀方面的效果,从而不断改进教学方法,提高教学质量。

(五)课堂氛围的改善

情境教学法通过创造一个轻松和愉快的学习环境,能够有效地提升学生在课堂上的学习体验。在这种氛围中,学生们更容易放松心情,积极参与学习过程,从而更好地吸收知识。为了评估这种方法的效果,我们可以采用多种评估手段,例如课堂观察和教师访谈等。通过这些方式,我们可以直观地了解课堂氛围是否得到了改善,学生们是否变得更加积极主动地参与课堂活动,从而判断情境教学法是否真正发挥了其应有的作用。

总的来说,情境教学法在语文课堂中的应用效果可以通过多个维度进行综合评估。我们不仅需要关注学生的学习兴趣是否得到了提升，还要观察他们的学习效果是否有所改善。此外，思维能力的提高、情感态度的转变以及课堂氛围的优化都是评估的重要方面。通过对这些方面的综合分析，我们可以全面了解情境教学法的实际效果，从而为今后的教学改进提供有力的依据，确保教学方法能够更好地适应学生的需求，提高教学质量。

第二节　项目式学习在语文课程中的实践

　　项目式学习是一种以学生为主体的教学模式，它强调学生的主动参与和自主学习。这种教学模式特别适用于中学语文学科的教学，因为它能够有效地激发学生的学习兴趣，提高他们的语文素养和综合运用能力。然而，在中学语文教学实践中，项目式学习的实施需要注意选择适合该学习模式的学习内容，同时也要注意学生参与的整体性。项目式学习是一种极具价值的教学模式，它能够有效地促进学生的全面发展，提高他们的综合素质。无论是对于学生、教师还是学校来说，项目式学习都是一种值得推广和应用的教学方法。

一、项目式学习的界定

　　"项目"源自管理学，指通过一系列独特且相互关联的任务，利用资源达成特定目标的有组织努力。[①] "项目式学习"（PBL）在国内学术界有多种译

[①] [美]杰克·吉多，詹姆斯·P.克莱门斯.成功的项目管理[M].北京：机械工业出版社，1999：8.

法，其中"项目式学习"较为普遍。巴克教育研究所将其定义为以课程标准为核心的系统教学方法，涉及对复杂真实问题的深入研究及项目的设计、规划和执行。①

John Larmer认为："PBL是学习体验和任务，让学生从问题本质出发，通过解决实际问题获取知识。"②杨明全（2021）定义项目式学习为教学和学习的建构方法，教师引导学生在真实情境中提出问题，运用知识进行研究设计与实践，解决问题并分享成果。③

刘景福（2002）与其他学者共同提出了项目式学习的概念，将其定义为一种研究方法。具体来说，项目式学习是指在现实生活中，通过综合运用各种不同的资源和工具，在有限的时间内，针对某个特定问题进行深入研究和探讨的一种学习方式。这种方法强调实际操作和资源整合，旨在通过具体实践来解决实际问题，从而提高学习者的综合能力和实际应用水平。④

在这些学者的视角下，项目式学习被视为一种研究方式。

二、项目式学习在中学语文课程中的基本流程

中学语文项目式学习是一种特别针对中学阶段学生设计的教学方法，它与传统的项目式学习有所不同。尽管在中学语文项目式学习中，学生的学习过程大致相似，但由于这种学习方式在语文领域有其独特的实践形式，因此

---

① 美国巴克教育研究所.项目式学习教师指南：21世纪的中学教学法[M].任伟，译.北京：教育科学出版社，2008：4.
② [美]拉尔默.PBL项目式学习：初学者入门[M].董艳，译.北京：光明日报出版社，2018：66.
③ 杨明全.核心素养时代的项目式学习：内涵重塑与价值重建[J].课程·教材·教法，2021，41（02）：57-63.
④ 刘景福，钟志贤.基于项目的学习（PBL）模式研究[J].外国教育研究，2002（11）：18-22.

第四章　创新教育视野下中学语文教学方法的多样化与革新

其基本流程需要根据这些不同的实践形式进行相应的设计和调整。

（一）创设项目情境

在开展中学语文项目式学习的过程中，首要任务是创设一个富有意义的项目情境。这一环节至关重要，因为它为整个学习活动奠定了基础。为了确保中学语文项目式学习的项目既具有真实感又具备可操作性，同时也为了让同学们在学习过程中能够更加深入地思考、有效合作和积极探究，教师需要在项目式学习启动之前，精心设计一个贴近真实生活的语言学习环境。这样的环境不仅能够激发学生的学习兴趣，还能帮助他们在情境中培养迁移能力和整体性思维。

中学语文项目式学习的情境创设应当多样化，不应局限于单一的形式或内容。例如，教师可以引导学生策划一场生动的文学评论会，让学生在实际操作中体验文学的魅力；或者围绕语文学科中的关键问题，如深入探究古诗文中所蕴含的酒文化，从而让学生在探索中发现语言的深层含义；又或者鼓励学生分享自己在语文学习中的独特体验，比如探讨诗化散文的审美体验，让学生在分享中提升自我认知。

通过这些丰富多彩的情境创设，中学语文项目式学习能够更加贴近学生的生活实际，激发他们的学习热情，同时也能帮助他们更好地理解和掌握语文知识，培养他们的综合素养。教师在设计这些情境时，应当充分考虑学生的兴趣和需求，确保情境的多样性和实用性，从而为学生提供一个全面、立体的学习平台。

（二）发布项目任务

开展中学语文项目式学习，须明确核心驱动性问题，激发学生的好奇心和探究欲，为项目出发点和归宿。此外，内容问题也重要，串联项目各环节，引导学生深入探究，最终创作出实际意义的产品。

内容问题设计须围绕驱动性问题，确保任务促进学生深入思考及解决，并指向作品创作。在情境中，学生须完成系列任务以创作实质性产品。任务设计对项目成果至关重要,教师应精心设计,引导学生主动参与、合作探究,达成学习目标。例如,在策划一次文学评论会的项目式学习中,教师可以设定一个驱动性问题,比如"如何通过文学评论会深入理解文学作品的内涵?"在这个驱动性问题的引导下,教师可以进一步提出一系列内容问题,如"文学评论会的主题应该是什么?""我们应该选择哪些文学作品进行评论?""评论会的参与者和专家评委应该如何选择?""文学评论会的具体内容和活动流程应该怎样安排?"以及"如何确保文学评论会的技术支持到位?"等。

通过这些问题的引导,学生将逐步深入项目的各个阶段,从确定主题、选择文学作品,到邀请参与者和专家评委,再到规划活动流程和技术支持,每一个环节都需要学生进行深入思考和合作。最终,学生将提交一份完整的策划案,作为项目式学习的成果。这样的项目任务不仅锻炼了学生的综合能力,还让他们在实践中学会了如何将理论知识转化为实际操作,从而达到项目式学习的最终目的。

(三)自主合作探究

活动探究在中学语文项目式学习中至关重要,是学生主要学习与探究过程的体现。学生须收集与分析资料,深入调查研究,并合作创作项目产品。此过程须协作、独立思考和深入探究,最终作品展现学生自主合作探究的深度和广度。

教师角色在此环节须全程关注学生,发现问题并引导调整。必要时提供帮助指导,确保项目顺利。以策划文学评论会为例,学生须明确任务、分工协作。在查找分析资料后,确定主题、选作品、定标准、设计流程。教师要关注进程,发现困难并指导。通过讲授或训练,帮助学生克服难题,确保项目成功。

(四)成果交流分享

项目作品是中学语文项目式学习成果的独特形式,作品完成后须展示,学生交流讨论，分享学习成果，分享经验和成就，总结不足，体会活动过程和收获。

对项目成果的交流展示，旨在回顾与检验学生合作探究过程，并展示发扬学生个性。形式丰富，如展览会、报告会、交流会、演出或比赛等，每种形式均具独特魅力和价值，助力学生在不同环境中展现才华与能力。

在成果交流分享中，除了语文老师和学生，还可邀请其他学科老师、学校领导、家长和专家参与。外部参与者的加入能提供建议与反馈，激励学生表现更积极。通过这种方式，学生能在语文学习中获得知识和技能，并培养多方面能力。项目式学习提供全面发展平台，让学生在实践中学习，交流中成长。

（五）评价反思总结

中学语文项目式学习评价重视过程，不仅看最终作品，还关注学生在过程中的表现。评价包括个人表现、小组合作及合作过程本身。

在评价中，力求主体和方式多样化。学生可自评反思，小组内互评，并接受他人评价。评价方式含质性和量化，前者如思维过程、合作态度和创新能力的评价，后者如项目完成度、作品质量的评分。

评价旨在肯定学生学习努力与成就，发现其问题与不足，促进知识能力提升。师生须反思中学语文项目式学习过程及结果，总结经验教训，为未来设计与实施提供参考。

通过这种评价反思，学生发现不足，明确努力方向。教师改进教学方法，指导学生项目式学习。评价和反思机制促进师生共同进步和成长。

三、项目式学习应用于中学语文课程中的学生参与与成果展示

在中学语文课程中，项目式学习不仅能激发学生的学习兴趣，还能培养

他们的综合能力。以下是项目式学习在中学语文课程中的具体应用和学生参与及成果展示的几个方面。

（一）项目设计与选题

项目式学习的第一步是设计具有挑战性和实际意义的项目主题。教师可以根据课程标准和学生的兴趣，设计与语文相关的项目。例如，可以围绕"经典文学作品改编""家乡文化探究""现代诗歌创作"等主题展开项目设计。项目选题应具有开放性，允许学生在教师的指导下自主选择研究方向和内容。

（二）学生参与与合作

在项目式学习中，学生是学习的主体。教师应鼓励学生积极参与项目的设计、规划和实施过程。学生可以分组合作，通过讨论、分工和协作来完成项目任务。在合作过程中，学生不仅能提高团队协作能力，还能通过互相学习来提升自己的语文素养。

（三）过程指导与反馈

教师在项目式学习中的角色是指导者和促进者。教师应定期检查项目的进展情况，给予学生及时的反馈和建议。在项目实施过程中，教师可以组织学生进行中期展示，让学生分享项目的进展情况或遇到的问题，以便及时调整项目方向和方法。

（四）成果展示与评价

项目完成后，学生需要通过多种形式展示他们的学习成果。成果展示可以包括但不限于以下几种方式。

口头报告：学生通过PPT、海报等形式向全班展示项目成果，介绍项目的研究过程、发现和结论。

作品集：学生将项目中的重要文档、作品和反思整理成作品集，展示他们的学习过程和成果。

戏剧表演：对于改编经典文学作品的项目，学生可以进行戏剧表演，通过舞台形式展示改编后的作品。

展览：对于涉及文学创作、家乡文化探究等项目的成果，可以举办展览，邀请其他班级或家长参观。

在成果展示之后，教师应组织学生进行互评和自评，鼓励学生反思项目过程中的收获和不足。教师还可以根据项目的完成情况、学生的参与度和创新性等方面进行综合评价，给予学生相应的学分或成绩。

（五）反思与总结

项目式学习的最后一个环节是反思与总结。教师应引导学生回顾整个项目过程，总结学习经验，反思遇到的问题和解决方法。通过反思，学生能够更好地理解所学知识，提升自我评价和自我调整的能力。

第三节 合作学习模式的构建与实施

创新教育视野下的中学语文教学中，小组合作学习被强调为重要学习方式。引入语文课堂，能激发学生的学习潜力，培养学生的合作意识，提升学生的交流和组织能力，构建和谐师生关系，促进优良学风和班风。笔者结合实践经验，探讨了小组合作学习在语文课堂的有效实施条件、原则和策略，提出五个策略，并深入研究了课堂操作流程，提出了四步流程。只要教师积极落实策略并按流程操作，小组合作学习将规范发展。实践显示，学生自主学习能力和语文素养显著提升，师生关系融洽。

一、合作学习的界定

在《现代汉语词典》中,合作指相互配合完成任务。合作学习则是人们为实现共同学习目标而一起学习。

教育界对合作学习有多种定义,主要分两种取向:一种强调个体在小组中最大限度发展,成员间为同伴关系,关注自身发展。王坦认为合作学习是学生在异质小组中合作达成共同目标,以总体成绩为奖励的教学策略。[①]

无论是哪种取向,合作学习都强调共同学习目标、群体协调与配合及个体发展。本书将合作学习定义为完成共同目标,通过协调配合,使个体在群体中获得发展的一种学习方式。小组合作学习是合作学习的发展与延伸,以小组为基本形式,动态交互教与学,评价团体成绩,共同达成教学目标。有效开展小组合作学习需具备三个条件:真实需求下开展、有效沟通、重视成果展示。因此,小组合作学习可定义为:在课堂教学中,借助异质小组,以个体需求为导向,合作沟通解决问题,凝聚共识并在课堂中得到反馈的学习方式。

二、合作学习模式在语文课程中构建与实施的程序

(一)合作小组的组建

为了有效开展小组合作学习,须从多方面入手。合理分配小组成员是基础,确保每个学生在合作中充分发挥潜力,使学习过程顺畅高效。分配时须注意多个问题,包括学生个人特点,如智力水平、学习能力、兴趣爱好、交际能力和家庭背景。全面了解学生信息后,合理分组,确保组内成员特长互

---

① 王坦.合作学习——原理与策略[M].北京:学苑出版社,2001:5.

第四章　创新教育视野下中学语文教学方法的多样化与革新

补，组间实力均衡。

通常小组人数以六人为宜，学生分优、中、后三层，分别以（A）（B）（C）表示。此分组促进学习交流，确保公平性。分组需综合考虑成绩外其他因素，实现互补。各成员发挥优势，增强团结、凝聚力和竞争力。小组配置可随学习深入调整，保持活力，优化组合确保学生找到合适位置，发挥潜力。

（二）合作小组的分工

分配完小组成员后，教师应明确分工，让成员清楚职责。这样，学生会努力学习，积极互助。小组应选组长，以凝聚团队。相互学习交流中，学生都能成长。组长责任重大，是师生沟通的桥梁，影响合作效果。选组长时，应重视，优先选品学兼优、责任心强、协调能力好的学生。

小组中可设副组长、发言人及纪律委员。组长分配任务并评估学习；副组长协助组长，整理记录发言；纪律委员维护纪律，争取发言机会；发言人分享讨论结果。分工明确，成员各尽其能，增强集体荣誉感与团队意识。教师须灌输团队意识，调整成员，提高学习积极性，发挥小组合作学习优势。

（三）小组成员的培养

为了确保小组合作学习效果，须明确合理分工，并对成员进行专门培训。核心在于激发成员积极性和主动性，共同获得成就感。对初次参与者，须培训他们的合作能力，帮助他们适应学习方式。在培训中，教师应要求学生做到五点：遇问题先思考再表达，交流时大胆发言；倾听他人观点，对比后提出新见解；不盲目跟从，保持判断力，礼貌质疑；发现错误及时改进，确保讨论有效；接受他人观点，纠正自己，保持开放心态，为团队学习作贡献。

三、小组合作学习模式在语文课程中构建与实施的效果

评价机制的合理性决定了小组合作学习效果。为激发组员潜力、提高学习兴趣，需要科学合理的评价机制。评价内容主要包括：学生自我评价，培养自我监控和调节能力；学生互评，促进学习和交流，增强团队合作意识；教师评价，提供专业反馈，帮助学生认识不足和改进方向。综合三方面评价，全面了解学生学习情况，推动小组合作学习。

（一）自我评价

自我评价是学生对学习和生活表现的主观评估。合作学习后，学生有深刻体会，这些感悟在日记中体现。例如，学习《背影》后，学生表达对父母辛勤付出的理解。他们意识到父母历经艰辛，却从未求回报。这让学生认识到应珍惜父母付出，感恩并回报养育之恩。

（二）学生互评

学生互评主要指小组互评，客观公正，促进小组成员进步，提高合作学习效率。互评内容项目主要是学生对知识和方法的熟练程度，以及学习态度和能力。这种方式能增强学生合作意识，转变传统教学模式，使学生成为课堂主体。例如，在学习《社戏》后，教师要求学生小组合作描述"六一公公"。小组交流后，进行了互评。一学生评价另一小组对"六一公公"的语言描述细致，关键词把握得好，理解深刻。这既肯定了小组合作效果，也为其他小组提供了参考。互评使学生学习新知，反思自我，提升能力。教师可根据互评结果调整教学策略，满足学生需求。因此，小组互评是有效评价方式，也是促进学生发展的重要手段。

（三）教师评价

小组合作学习质量受教师评价影响大，能增强学生信心动力。教师在评价时须注意：客观评估小组合作效果，尊重学生，精心设计活动，关注合作态度和方式；正确评价学生个人表现，欣赏学生闪光点，激励信心；评估整体合作效果，关注学生参与度、学习兴趣和合作精神。教师还须关注学生进步，全面了解合作效果，评价须综合知识掌握、合作能力和团队精神。总之，合理评价能激发学习兴趣，提高合作能力和团队精神，提升小组合作学习质量。

第五章　创新教育视野下中学语文教学法的具体应用与优化

　　创新教育视野下，中学语文教学法的改革与创新显得尤为重要。教师应注重构建以学生为主体的课堂，激发学生的学习兴趣和主动性。教学内容应与生活实际相结合，增强教学的实效性。例如，教授古诗词时，可以引导学生联系现代生活，理解诗词中的情感和意境，使抽象的文学知识变得生动具体。同时，也可以引入时事热点，让学生用语文知识去分析和评论，提高他们的社会实践能力。本章主要针对创新教育视野下中学语文教学法的具体应用与优化展开分析，涉及语文知识教学法、口语交际教学法、阅读理解教学法、语文写作教学法这几个层面。

第一节　语言构建——语文知识教学法优化

语文知识及其教学，作为我国教育体系中的一项核心议题，长期以来一直是语文课程改革的焦点。2001年，随着《全日制义务教育语文课程标准（实验稿）》的发布，这一话题的讨论达到了一个新的高潮。标准中明确指出，不应过分强调语文知识的系统性和完整性，同时，传统的"基础知识"教学目标被淡化，这无疑对语文教育的实践提出了新的挑战，也引发了关于语文知识的深度反思。这场争论的焦点在于，语文知识在教学中的地位和作用应该如何定位。一方面，有人担忧，过于淡化语文知识的系统性教学，可能导致学生的基础知识体系不完整，影响其语言能力的全面发展。另一方面，也有人主张，过于强调知识的系统性，可能会束缚教学的灵活性，忽视了语文教育的实践性和人文性。因此，讨论逐渐转向如何构建适应时代需求的新的语文知识体系，以及如何在教学中有效地传递这些知识。①

在探索语文知识教学的新路径时，我们不能忽视的是，中学语文知识教学的设计必须遵循一些基本原则。首先，应注重知识的实用性，使学生能够将所学知识应用到实际的阅读、写作和交流中。其次，应强调知识的生成性，鼓励学生通过探究、讨论等方式主动构建和更新知识。再者，应关注知识的关联性，将语文知识与文化、历史、社会等多学科知识相联系，培养学生的跨学科思维能力。此外，教学方法的选择也是关键。可以借鉴"情境教学法""问题导向学习"等现代教学方法，激发学生的学习兴趣，提高他们的自主学习能力。同时，教师的角色也应从传统的知识传递者转变为学习的引导者和促进者，创造一个以学生为中心的学习环境。

---

① 郝丽琴.中学语文教学设计与案例分析[M].合肥：安徽大学出版社，2015：116.

一、中学语文知识教学的内容构建

（一）构建语文知识体系的几点认识

1.以现代教育理论为指导，明确初中语文教学中的知识观

在语文教育的广阔领域中，对"知识"的理解与应用始终是教学的核心议题。过去，我们往往将知识理解为常识性的、宽泛的概念，而忽视了其在具体技能形成和发展中的关键作用。

读写能力的培养离不开知识的指导，这里的"指导"正是指程序性知识。在语文教学中，不仅要传授陈述性知识，更要注重程序性知识的引导。通过明确在听说读写活动中"做什么"和"怎样做"，我们可以帮助学生更好地理解和运用所学知识，从而有效提升他们的语文能力。因此，将陈述性知识和程序性知识的分类引入中学语文教学，突出程序性知识的指导作用，对于培养学生的语文能力具有至关重要的意义。

2.建构适应初中语文教学总体目标要求的应用性的知识系统

在探讨语文教学的深度与广度时，我们首先需要区分两个核心概念："语言"与"言语"。语言，作为人类交流的工具，是由语音、语汇和语法构建的抽象符号系统，它构成了人类社会信息传递的基础。然而，语言的实体并非仅限于这一抽象框架，它在实际应用中展现出更为丰富的形态，这就是"言语"。言语是指在特定情境中对语言符号系统的具体运用，如写作、演讲、对话等，它是语言能力的实践体现。因此，语文教学的核心任务应聚焦于提升学生的言语交际能力，以满足他们在日常生活、学习、工作中的实际需求。

（二）语文知识内容的构成

1.社会的语言/言语规律

（1）语言规律，如同音乐中的音律，是人类交流的基石，是汉语学习的入门钥匙。在基础教育阶段，我们关注的不仅仅是字词的拼写和发音，更深

第五章　创新教育视野下中学语文教学法的具体应用与优化

入到汉语拼音方案的掌握，异读词表的熟悉，以及对异体字的辨识。这些基本规律构成了汉语的骨架，为中学生提供了语言规范化的基本框架。例如，汉语词汇和短语的构成规则，不仅帮助学生理解词义，更教会他们如何灵活运用，构建丰富的语言表达。[①]同时，单句和复句的基本类型的学习，使学生能够构建起复杂的思想结构，准确表达内心世界。因此，语文课程标准根据学生的认知发展，逐步提出了从基础到高级的不同教学要求，旨在逐步引导学生掌握汉语的规律性知识。

（2）言语规律，是语言运用的活生生的实践。它超越了单纯的语法和词汇，涉及语境、目的、情感等多种因素。在语文教学中，我们通过阅读经典的文学作品，分析作者如何在特定情境中巧妙运用语言，以此激发学生对语言的敏感度和创造力。这种"以他人为师，以实践为径"的教学方式，旨在让学生在模仿中学习，通过模仿成熟的、典范的言语，逐步形成自己的语言风格。同时，教师会引导学生反思自身的语言使用，通过对比和修正，使他们的言语从不规范走向规范，从简单的模仿走向个性化的表达，从而在语言的海洋中找到自我，走向成熟。

2.他人的言语经验

中学语文知识教学的核心，就是引导学生从这些经典的范文中汲取营养，学习并理解他人的言语经验。这些经验如镜，反映生活百态和人性复杂，帮助学生理解世界、社会和人性。它们贴近学生生活，因诗词歌赋、散文小说皆以艺术描绘人生、反映社会变迁。阅读可学表达、描绘和修辞技巧，助提高阅读理解和写作水平。模仿借鉴中，学生可形成独特语言风格和思考方式，影响个人成长和社会适应能力。

然而，语文教学并不仅仅是知识的传授，更是一种情感的熏陶，一种价值观的塑造。通过阅读，学生可以感受到作者的情感世界，理解他们的价值观念，从而丰富自己的内心世界，培养出对生活的热爱，对人性的尊重，对社会的责任感。这正是语文教育的深远意义，它旨在培养出有思想、有情感、有文化素养的全面发展的人。

[①] 王昱华，徐红岩.中学语文教学探索[M].成都：电子科技大学出版社，2015：78.

3.个体的言语规则

语文教学的使命是引导学生遵循语言法则，形成有效的听、说、读、写、思模式。这包括阅读、写作和口语交际规则。阅读培养理解力和批判性思维，写作要求掌握表达技巧，口语交际培养沟通能力。这些规则标志着语文教学从静态语言规律向动态言语规律转变。不再仅仅满足于解读范文，而是要从中提炼出有益的语言经验，培养学生的创新能力。同时，从单一的语言练习，转向掌握多元化的语文学习方法，旨在提升学生的自主学习能力和问题解决能力。这种转变不仅拓宽了语文课程的知识领域，也对语文课程知识的类型转化提出了新的要求。它需要我们从理论与实践的结合上，构建出更立体、更生动、更贴近学生实际的语文教学体系。这样的发展，无疑将极大地丰富语文课程的教学内涵，进一步推动语文教育的现代化进程。

二、中学语文知识教学法的优化原则

在当今的教育体系中，中学语文知识的教学扮演着至关重要的角色。它不仅是学生掌握母语、提升语言表达能力的基础，更是培养他们思维能力、情感认知和文化素养的关键。因此，教师在进行语文教学时，应遵循以下几个核心原则，以确保教学的有效性和深度。

（一）科学性原则

语文知识，作为科学知识体系的重要组成部分，其严谨性和精确性不容忽视。科学知识的表述，往往依赖专业名词术语，这在语文学习中尤为明显。从最基本的"什么是文字"开始，到复杂的语法规则，名词术语如同科学的工具箱，帮助我们精确地表达思想，揭示语言的内在规律。没有这些术语，我们的表达可能会变得模糊，对语言的剖析也无法深入本质。

语文学科中，语文知识的科学性显著，名词术语使用密集。语文不仅是交流工具，也是研究语言结构、功能和历史的学科。名词术语准确使用是教

第五章　创新教育视野下中学语文教学法的具体应用与优化

学质量和学术严谨性的关键。教师应确保术语使用与大纲和教科书一致，避免学生认知混乱。对易混淆或复杂术语，教师可解释但不得偏离本意。解释时，须保证含义准确，须深入理解术语并具备简化能力。可用通俗语言或生动比喻帮助理解，但不能牺牲科学准确性。语文教学不仅是术语堆砌，更是科学思维和精确表达能力的培养。

（二）趣味性原则

在当前的中学教育体系中，语文知识的学习似乎成为一项让许多学生感到困扰的任务。尤其是语法和逻辑这两部分，它们常常被批评为单调枯燥，缺乏实际应用的吸引力。这种现象的出现，是多因素交织的结果，既涉及知识的内在特性，也与知识的传递方式有关，同时，教师的教学策略也起着至关重要的作用。

语法和逻辑因其理论性和严谨性可能显得枯燥。须大量记忆和练习，缺乏即时反馈，影响学习兴趣。教材编写方式也影响接受度，理论化教材难理解应用。然而，教师可改变此状况。应激发学生兴趣，强调知识的实用价值，如语法准确表达思想，逻辑为批判性思维的基础。用生动实例解释抽象概念，如引用歌词讲语法，设计推理游戏体验逻辑。感性认知方式也重要，通过情感共鸣、直观感知理解和记忆知识，如分析文学作品情感和情节。

（三）精要致用的原则

精要与致用是语文教学的核心。精要，强调选核心、基础内容，以适应中学生有限的学习时间和能力，避免过多理论和术语，聚焦实用技能；选择基础词汇、语法，掌握日常交流技巧，考虑学生需求和水平，避免深奥重复。致用，注重语文实用性，强调提高学生的听、说、读、写能力。如用词汇表达情感，语法构建句子，修辞增强表现力，汉字书写，古汉语理解文献，常用文体适应写作；再如教学内容方法联系实际，提高学习兴趣动力。

在教学实践中，要实现知识的"致用"，需要明确教学目标，以提高听、说、读、写能力为导向；选择切合实际的教学内容，不追求知识的全面性而忽视其实用性；采用学用结合的教学方法，让学生在实践中学习，在学习中实践。只有当学生能够将学到的知识转化为实际的语言技能，才能真正实现语文教学的价值，使他们在未来的生活和工作中受益无穷。

（四）综合实践的原则

学习语文知识，其核心目标在于塑造中学生的语言实践能力，因为个体的语言运用始终是多元融合的。语言，不仅仅是声音的符号，更是承载思想、情感和文化的重要载体。我们无法将语音与意义割裂，也无法将词汇的堆砌与语句的构建孤立看待。在实际的交流中，听、说、读、写并非孤立的技能，它们相互交织，共同构成了我们表达自我、理解他人的能力。

因此，语文教育的知识体系应当是一个有机的整体，包括了知识与技能的融合，听、说、读、写等多元语言活动的整合，以及语言能力与思维能力的交织。同时，我们也不能忽视语文知识与其他学科的交叉，以及语言活动与社会生活的紧密联系。更重要的是，语文知识的习得应当与情感态度和价值观念的塑造相结合，让知识成为个人生活经验和精神世界的组成部分。

然而，传统语文教育中存在一个显著的问题，即知识与实践的脱节。知识被孤立地传授，成为实践的附属品，或是实践的结果，而非过程。这种模式忽视了学生作为实践主体的角色，忽视了他们的生活体验和个性需求。创新教育理念强调回归生活世界，将学生从被边缘化的地位中解放出来，让他们以自身的生命体验去解读文本，以自我独特的视角去理解作者的生活经验，让个人的经验与他人的经验相互碰撞，以此激发语文知识学习的活力和深度。

在这个过程中，语文知识的构建不再是一个静态的接受过程，而是一个动态的、充满活力的自我探索和自我表达的过程。学生在理解和建构语文知识的同时，也在塑造自我，形成独立的思考能力和批判性思维，这正是语文教育的真正价值所在。

三、中学语文知识教学法优化设计

高效的语文知识传授,既建立在教师自身的语文知识素养基础上,也取决于教师所采用的教学方法。特别是在中学阶段,当多数学生对学习语文缺乏兴趣时,教学方法的重要性更为凸显。针对不同知识类别,应采取相应的教学方法。

(一)基于认知心理学的语文知识教学方法

在教育领域,认知心理学为我们理解语文知识的传授提供了理论基础。语文知识,根据其性质和应用,可以分为陈述性知识、程序性知识和策略性知识,每种类型的知识都有其独特的教学方法。

首先,陈述性知识是关于事实、概念和事件的知识,它在语文课程中以定义、事实和理论的形式出现。教学时,教师应采用有意义的接受学习策略。对于记忆性的知识,如诗词、成语,可以通过反复诵读和记忆训练来巩固。对于理解性的知识,如文章的主题和结构,教师应引导学生与已有的知识建立联系,通过提供类比、概括和实例来帮助学生理解新知识。此外,对于体验性的知识,如文学作品的情感表达,教师应创造情境,让学生身临其境,激发情感共鸣,加深理解。

其次,程序性知识关乎执行任务和解决问题,含动作与智慧技能。教授动作技能如书法、朗诵,学生须理解规则并反复练习。智慧技能如阅读、批判思考,则须理解并表述概念、规则,并在实际中应用。教师应引导学生反思与调整,提升应用能力。

最后,策略性知识涵盖学习和解决问题的策略,含元认知和认知策略。教授时,教师应让学生了解策略构成和步骤,并通过示范、实践和反馈帮助学生掌握。策略学习需时间和实践,教师应根据学生水平逐步引入新教学方法。同时,教师应鼓励学生自我监控,学会在适当的时候和地方使用策略,并通过持续的教学,激发学生的学习动机,让他们认识到良好的学习成果往往源于有效的学习策略。

（二）基于显性知识和隐性知识分类的语文知识教学方法

在教育领域，知识的传授和学习分为显性知识和隐性知识两个层面。显性知识是可以通过文字、语言、图表等形式明确表达和传递的知识，如概念、理论、规则等。而隐性知识则是难以言表、需要通过实践和体验才能掌握的知识，如直觉、技巧、策略等。因此，针对这两种不同性质的知识，教师应采取不同的教学策略。

对于显性知识，我们通常采用系统性的教学步骤，包括讲授以引入基本概念，分析以深入理解其内在逻辑，演练以巩固应用，强化以加深记忆，以及迁移以实现知识的跨领域应用。

对于隐性知识，教师须设法显性化、符号化，便于学生理解。可使用类比、隐喻等抽象概念，模仿学习经验，创设情境体验，合作实践共享共创知识。如教授写作技巧，教师可让学生分析优秀文章结构，模仿手法，通过讨论互评实践掌握隐性知识。

（三）基于经验知识和理性知识的教学方法

在教育的广阔领域中，教学方法的探索与实践始终是核心议题之一。经验式教学与理性式教学，作为两种互补的教学策略，都在引导中学生理解和掌握语言知识的过程中发挥了重要作用。

经验式教学，顾名思义，是教师借助自身的经验，激发和引导学生的内在体验。这种教学方式强调的是感悟和体验，教师通过自身的经验累积和顿悟发现，为学生提供一个"暗中摸索"的环境。例如，语文教学中的"语感教学法"，就是这种方法的生动体现。教师通过丰富的词汇积累、文本的深度解读和生动的直观教学，让学生在潜移默化中培养出对语言的敏锐感知和直觉反应，从而形成独特的语言表达能力。这种教学方式更注重学生的主观感受和情感投入，使他们在实践中学习，在体验中成长。

理性式教学侧重知识的明确性和逻辑性。教师运用系统知识工具，如语识、语法等，以清晰逻辑和结构引导学生"明里探讨"。强调知识的理性认知和理解，教授语言学习的概念、原理、法则和技巧，帮助学生掌握语言规律,提升理性分析和逻辑推理能力。例如,教授英语语法时,教师会详细解释规则,通过练习让学生理解和掌握,提高语言运用能力。

经验式教学与理性式教学并非孤立存在,而是相辅相成的。前者注重情感体验,后者强调理性认知,两者结合可以构建出一个既富有情感色彩又充满理性逻辑的学习环境,以满足中学生全面发展的需求。在实际教学中,教师应灵活运用这两种方法,根据学生的特点和需求,适时调整教学策略,以实现最佳的教学效果。

(四)基于建构主义的语文知识教学方法

新课标创新教育视野下,语文教育的核心价值逐渐转向了个人语文知识的自我建构。这一转变意味着语文教学策略的创新与优化,需要我们从情境创设、经验穿透和对话互动三个方面着手。

首先,情境创设是语文知识教学的关键。传统的教学模式往往忽视了知识的生成情境,而创新教育强调情境性思维,即在具体情境中理解和应用知识。教师可以设计各种情境,如历史背景、生活场景、文学作品中的情节等,让学生在情境中体验语文,理解语文,从而提高他们的语文素养。

其次,经验穿透是将学生的个体经验与语文知识相结合的重要途径。创新教育倡导回归生活世界,将学生从抽象的课本知识中解放出来,让他们看到语文与生活的紧密联系。例如,通过讨论日常生活中的事件,引导学生用语文的视角去观察、分析,使他们在实践中建构和丰富自己的语文知识。

再次,对话互动是激发学生思维活力的有效手段。教师应创设开放的教学环境,鼓励学生表达自己的观点,通过师生间的对话互动,激发他们的思考,促进他们对语文知识的深入理解和创新应用。

最后,语文课程中的人文知识教学也不容忽视。人文知识虽然不等同于语文知识,但它是语文教学中不可或缺的组成部分。教师应营造一个真诚、自由的教学氛围,让学生敢于面对自我,深入探索内心世界。同时,提供一个宽松、开放的思考空间,让学生能够自由地表达思想,发展独立思考的能力。

总的来说,语文知识的教学需要我们摒弃传统的、机械的教学方法,转而采用更加灵活、生动的教学方法，激发学生的主动学习和深度思考。教师的角色也应从知识的传递者转变为引导者和促进者，通过提问、引导、实践，帮助学生构建自己的语文知识体系，培养他们的语文能力和人文素养。

第二节　思维提升——口语交际教学法优化

一、中学语文口语交际教学法的特点

口语交际是言语交际的构成领域之一，与另一种形式——书面语言交际相似，都在我们的日常生活中扮演着至关重要的角色，是人类传达情感、交流信息的基本实践。鉴于其独特的生成机制、存在条件和应用范围，口语交际教学法展现出其特有的属性，主要体现在以下几个方面。

（一）实践性

书面语，如同无形的丝线，穿越时间和空间，作者与读者之间没有即时的反馈。作者可能无法感知到读者的即时反应，也无法捕捉到阅读时的微妙氛围。写作的过程可以是断断续续的，一篇文章可以经过反复修改和完善。这种交流方式是单向的，缺乏即时的互动性。相比之下，口语交际则是一种面对面的、实时的交流形式。它直接针对特定的听者，需要根据对方的反应进行即时调整和回应。这种交流方式的双向性、动态性和目的性使得它在实际生活中具有极高的实用价值。无论是为了表达观点，解决问题，还是建立人际关系，口语交际都要求我们具备灵活应变和即时反应的能力。

在中学语文教学中，口语交际的教学方法与书面读写教学有所不同。书面读写教学往往可以提供更多的理论知识和结构化的指导，而口语交际的教

第五章 创新教育视野下中学语文教学法的具体应用与优化

学则更侧重于实践和技巧的培养。学生需要通过反复地实践和模拟情境来磨炼他们的口语交际能力，以达到熟练运用的目的。因此，教师在设计口语交际课程时，应避免过度理论化，而应将实践训练作为教学的核心，确保学生在实践中学习，在实践中提高。①

（二）实效性

口语交际教学，作为一种强调实践与生活实际相结合的教育模式，其核心价值在于培养学生的人际沟通能力和社交技巧。这种教学方式以其鲜明的实效性，打破了传统教育中理论与实践相脱节的困境，更有效地对接了现实生活中的各种交际场景。

在口语交际教学的实践中，当面交流扮演了至关重要的角色。它模拟了人们在日常生活、工作、学习等场合中的对话情境，使学生有机会在真实的语境中锻炼和提升自己的表达能力、听力理解能力以及反应速度。例如，教师可以设计各种角色扮演活动，让学生在模拟的对话中学习如何礼貌地提出请求、如何有效地表达自己的观点、如何理解和应对他人的不同看法等，这样的教学方式无疑更接近于现实生活中的沟通体验。教师在口语交际教学中的角色也不可忽视。他们不仅是引导者，更是参与者和观察者。教师需要充分准备各种教学材料，如话题讨论、案例分析、情境对话等，以激发学生的交流兴趣，引导他们积极参与。

（三）随机性

口语交际的随机性特征在日常生活和教育活动中体现得淋漓尽致。这一特性主要体现在两个关键领域：课堂教学和社会生活。

首先，课堂教学的随机性。在语文教育的广阔领域中，口语交际起着至关重要的作用。教师传授的知识，如同潺潺溪流，需要通过口头的方式流入

---

① 余立新，缪佳芹.语文教学设计[M].重庆：西南师范大学出版社，2014：59.

学生的心田。学生对知识的理解和反馈，往往也需要通过口头表达来实现。这种教与学的互动，构成了教学活动的核心。有经验的教师深谙此道，他们会灵活地、巧妙地设计各种口语交际活动，以激发学生的学习兴趣，提高教学效率。例如，一次即兴的课堂讨论，一次角色扮演的活动，都能让学生在轻松愉快的氛围中提升口语能力，同时也能锻炼他们的思维敏捷性和应变能力。

　　其次，社会生活中的随机性。口语交际并非限于教室内的教学活动，是日常生活中不可或缺的技能。如在日常对话中表达情感，在工作中解决问题，在各种文体活动中都需要运用到口语交际的技巧。无处不在、无时不在的特性使口语交际教学更具实践性和生动性。例如，学生在参加一次社区服务活动时需要向他人介绍活动的意义，或者在团队合作中协调各方意见，这些都是对口语交际能力的实际锻炼。

二、中学语文口语交际教学法的要求

　　中学语文口语交际教学应置于真实情境，让学生承担交际任务，评估口语水平。创新教育视野下的教与学要求善于倾听、精准表达、有效应对。2011年版课标强调口语交际能力是现代公民素质，需培养倾听、表达和应对技巧。口语交际是双向互动，教学应在具体环境中展开，强调文明态度和语言修养。策略应贴近生活，避免过度理论，鼓励实践提升。口语交际教学需遵循语文基本原则，如尊重主体性、保持开放性、关注发展性、鼓励创新性。作为新型教学方法，它具有独特的教学要求。

（一）创设情境

　　在口语交际的教学中，创设一个生动、具体且贴近生活的情境，无疑成为教学成功的关键所在。

　　一个民主和谐的教学环境对于口语交际非常重要。在这样的环境中，教师不再是高高在上的权威,而是与学生并肩作战的伙伴,他们以民主的精神为引领,以开放的态度为基石,以合作的方式为桥梁,共同搭建起一个宽松和谐的学习空间。在这样的氛围中,学生的生命活力得以被充分激发,他们不再将口语交际视为一项枯燥乏味的任务,而是将其视为一种自我表达、情感交流的自然需求。这样的课堂,师生双方都能全身心地投入,共同享受口语交际带来的乐趣与成就感。进一步地,口语交际的教学应紧密贴合生活实际,因为语言本就是为生活服务而存在的。在现实生活中进行现场操作,学生能够更直观地感受到口语交际的实用性与魅力。因此,教师在创设口语交际情境时,应精心挑选那些贴近学生生活、能够引发共鸣的素材与场景。当学生置身于这样的情境中时,他们会有一种身临其境、似曾相识的感觉,情绪也会随之高涨起来。这种情绪的高涨不仅有助于提升学生的参与度与投入度,更能让他们在不知不觉中学习到与人交际的方法与技巧。[1]

(二)思维与语言共同发展

口语交际,这一看似简单实则复杂的人际交往方式,实则是一个精妙绝伦的言语信息处理过程,它囊括了信息的吸收、细致入微的分析、匠心独运的加工、巧妙无比的组合,以及最终精准无误的输出。在这一过程中,思维犹如一位幕后导演,以其独特的视角和深邃的洞察力,引领着整个交际活动的顺利进行。语言,作为思维的外衣与产物,其每一次的跳跃与流转,都是思维火花的璀璨绽放;而思维,作为语言的内核与灵魂,则赋予了语言无限的生命力与创造力。二者相辅相成,相互依存,共同编织出一幅幅生动多彩的人际交往画卷。

在口语交际教学中,我们不仅要关注学生的表达能力、倾听技巧、交往能力以及应变能力等显性技能的训练,更要深入挖掘并重视思维训练这一隐性却至关重要的环节。尤其是创新思维的培养,更是口语交际教学的重中之重。因为,在快速变化的现代社会中,只有那些能够突破常规、勇于探索、敢于创新的人,才能在口语交际的舞台上大放异彩,实现交际目标的同时,

---

[1] 朱绍禹.中学语文教学法[M].北京:中华书局,2015:178.

也展现出自己的独特魅力。

（三）多途径训练

口语交际教学是教育体系中不可或缺的一部分，它旨在培养学生的沟通技巧，以适应社会生活和职业发展的需求。在实施口语交际教学时，我们必须考虑到学生的学习环境、生活经验，以及他们所处的社会背景，通过多元化的训练方式，使学生形成自我发展的能力，以适应社会进步和国家建设的需要。

首先，抓住教学的黄金时刻，系统地培养学生的口语交际能力至关重要。在语文教学中，我们不仅需要设立专门的口语交际课程，更应充分利用阅读教学、写作教学等环节，如在阅读中引导学生进行讨论、争议、复述和评价，写作教学中的说前构思、写后反思等，这些都是锻炼学生口语交际能力的绝佳机会。这些活动不仅能够提高学生的语言表达能力，还能培养他们的批判性思维和团队协作能力。

其次，创设贴近学生生活实际的交际情境，能有效提升教学效果。教师应设计各种情境，让学生在模拟的社交环境中实践和提升口语交际技巧。例如，模拟购物场景进行角色扮演，或者组织学生进行社会调查并汇报结果，这些都能让学生在实际操作中提高沟通能力，增强问题解决能力。

最后，激发学生对口语交际的兴趣，引导他们在日常生活中自觉地锻炼这一技能。教师可以通过游戏、竞赛等方式，使口语交际训练变得生动有趣，从而吸引学生的积极参与。同时，教师应培养学生的自我反思能力，让他们在日常交往中意识到自己的进步和需要改进的地方，从而更有目的地进行自我训练。

三、中学语文口语交际教学法优化设计

口语交际教学的实践路径主要涵盖两个关键方面，一是在各学科教育中

第五章 创新教育视野下中学语文教学法的具体应用与优化

刻意融入训练,二是在日常生活中持续实践。具体来说,应在课堂教学中系统地培养学生的口语交际能力,同时在他们的日常生活中创造和利用各种机会进行锻炼。

(一)在语文学科教学中进行

在语文教育的实践中,口语交际活动担当着主要的教育途径和核心阵地的角色。依据课程标准的规定和教材所涵盖的主题,口语交际在语文学科的教学中主要体现在以下几个方面。

1.与专题学习内容相结合

(1)构建生活化的课堂

为了构建生活化的课堂,需要从两个主要方面进行考虑。

首先,借助多媒体技术拓宽教学资源的渠道。在信息化社会的背景下,现代化的教学手段能够突破时间和空间的束缚,将社会的多元面貌生动地呈现在课堂之中。例如,我们可以通过网络视频展示不同地域的风土人情,通过音频资料引入各种真实的对话情境,让学生在接触和理解多元信息的过程中,提高他们的听说能力,丰富他们的语言表达。

其次,创设富有生活气息的教学情境。将真实的场景融入课堂,或者将课堂延伸到实际生活中,可以创造出更有利于学生学习的环境。

(2)积极搭建合作学习的平台

通过搭建一个精心设计的合作学习平台,不仅能够极大地激发学生的学习热情和主观能动性,还能显著提升口语交际教学的实际效果,为学生的全面发展奠定坚实的基础。

首先,优化课堂空间环境,营造合作氛围:传统的"行列式"课桌摆放方式往往限制了学生之间的互动与交流,使得课堂氛围显得沉闷而单调。为了打破这一局限,我们亟须对课堂空间环境进行优化,采用更为灵活的课桌摆放方式,如圆形、U型或小组讨论式布局。这样的设计能够有效拉近学生之间的距离,为他们创造一个更加亲密、开放的交流环境。在这样的环境中,学生们可以更加自如地交换意见、分享想法,从而加深对学习内容的理解和记忆。

其次，优化合作小组成员组合，实现异质互补：合作小组成员的组合是合作学习能否取得成功的关键因素之一。为了确保小组最大合力，需按学生学习方式、个性、兴趣及能力进行"异质组合"。此组合能促进成员优势互补，共同进步。苏教版口语交际训练适合合作学习，如"拒绝别人""当小记者"等话题，需角色扮演和模拟。教师可引导合作小组分工合作、收集资料，并扮演角色模拟现实场景。这能激发学习兴趣和参与度，扩大口语交际训练的"面"和"量"，提高能力。

最后，发挥师生双方主动性和创造性，实现互动互进：在合作学习过程中，教师和学生都是不可或缺的重要角色。为了充分发挥师生双方的主动性和创造性，我们需要积极构建互动互进的教学模式。这种教学模式包括生生互动、师生互动以及群体互动等多种形式。通过生生互动，学生们可以在小组内自由交流、相互启发；通过师生互动，教师可以及时了解学生的学习情况并给予有针对性的指导；通过群体互动，则可以营造出一个更加活跃、开放的课堂氛围。在这样的教学模式下，口语交际教学将变得更加生动有趣、效率倍增。

2.与阅读和写作教学相结合

在当前的教育体系中，口语交际专题的教学课时往往相对有限，这无疑对提升学生的口语交际能力构成了挑战。学生的训练机会在广度和深度上受到了一定的制约，无法充分地进行实践和探索。因此，需要寻求一种创新的教学策略，以弥补这一不足。一种有效的解决方案是将口语交际教学融入教科书中的阅读与写作教学中，这样不仅可以增加学生学习口语交际的机会，也能在多维度上提升他们的交际水平。

3.结合语文综合性学习

语文教科书中的综合性学习内容，从第二学段开始，逐步由简至繁，由单一活动至多元活动，旨在构建一个逐步进阶的学习体系。以模拟电视访谈节目为例，教师可以引导学生观看《新闻1+1》《非常静距离》等节目，感受白岩松与李静不同的主持风格。然后，让学生选择自己喜欢的访谈节目，分享印象深刻的一次访谈。接着，学生需要研读课文，总结李静的采访特点，并根据自己的采访目的设计采访提纲，最后在班级内进行模拟采访。这样的教学设计，既激发了学生的学习兴趣，又锻炼了他们的口语交际能力。

第五章 创新教育视野下中学语文教学法的具体应用与优化

在实际操作中，学生积极参与，查阅大量资料，进行详细的分工合作。在课堂交流和模拟采访中，他们表现出极高的热情和投入度，无论是扮演"名人"还是记者，都表现得有模有样。这种实践性的学习方式，使学生在愉快的体验中提高了语文能力，同时也培养了他们的团队合作和创新精神。

4.课前强化

在课前的几分钟开展一项有益的活动——让学生轮流上台讲故事。这个活动不仅限于五分钟左右的短暂时间，其潜在的教育价值是深远的。

首先，故事的内容可以是多元化的，可以是课本上的经典故事，也可以是学生从日常生活、电视、广播中获取的新鲜见闻。鼓励学生分享自编的故事，可以激发他们的创造力和想象力，让他们学会从不同的角度看待世界。例如，一个学生可能从一则新闻中提炼出一个关于勇气和坚韧的故事，这不仅锻炼了他们的叙事技巧，也使他们在无形中学习到了生活中的价值观。

其次，通过组织学生对故事进行评议，教师不仅可以教授学生如何表达自己的观点，也教他们如何尊重和理解他人的观点。在评议的过程中，学生需要倾听并理解他人的故事，然后提出自己的看法，这无疑提升了他们的倾听和批判性思维能力。同时，教师可以适时地引导学生如何进行有效的评价，如关注故事的主题、情节的连贯性、人物的塑造等，使评议活动更具教育意义。

讲完故事或见闻后，组织学生复述大意，这是一个检验他们理解力和记忆力的好方法。复述的过程中，学生需要将复杂的信息提炼成简洁的语言，这有助于他们提高信息处理和表达的能力。接着，再针对复述进行评议，这一步骤可以进一步巩固他们的理解，同时也能鼓励他们积极参与，形成良好的学习氛围。

通过讲述—复述—评议的循环，学生的语言表达能力、听力理解能力、批判性思维能力以及创新能力都能得到锻炼。更重要的是，这样的活动让学习变得生动有趣，激发了学生的学习兴趣，也培养了他们的团队合作精神和公众演讲能力。因此，我们应该在日常教学中积极推广这种教学方式，以促进学生的全面发展。

（二）在日常生活中进行

语言源于日常生活。在日常生活中，我们无时无刻不在学习和运用语言，这个广阔的领域充满了丰富的语文教学资源，口语交际的契机可以说遍布各处，无所不在。

1.引导学生用普通话交谈

青少年的思维正处于从具体到抽象，从单一到多元的过渡阶段，他们的词汇量和语言组织能力还在发展中。同时，社交媒体的流行和网络语言的泛滥，往往使他们在日常交流中倾向于使用非规范化的表达方式，导致他们的意思难以准确、清晰地传达给他人。面对这一挑战，教师的角色显得尤为重要。他们不仅需要教授学科知识，更需要承担起规范学生语言的责任。加强普通话的教学和训练，是解决这一问题的有效途径。普通话，作为我国的通用语言，其规范性和标准化的特性有助于培养学生的逻辑思维和精确表达能力。教师应引导学生在课堂讨论、小组合作、日常生活等所有场合都使用普通话，使其成为习惯。

2.教师要以身作则

在口语交际的教学过程中，教师的语言修养和语言运用的技巧扮演着至关重要的角色。教师的口语交际能力不仅能够提升教学效果，还能对学生进行无形的熏陶，使他们在潜移默化中理解语言的奥妙，提升语言运用的能力。

教学用语是教师与学生交流的主要工具，它需要具备清晰性、易懂性、生动性和启发性。教师的语言应如同明灯，照亮学生理解知识的道路，避免使用模糊不清或过于复杂的词汇，使知识的传递如同春风化雨，润物无声。同时，教师的语言还应富有感染力，能够激发学生的学习兴趣，深入传递情感，巧妙启发思考。

日常生活用语则是教师人格魅力的体现，它要求教师的语言真诚、平易近人、简洁得体。教师的一言一行，无论是课堂上的讲解，还是课后的交谈，都应成为学生学习的榜样，让他们在日常生活中也能感受到语言的力量和魅力。教师的角色是知识传授者与引导者。他们鼓励学生参与生活中的口语交际，如待客、购物、拜访、问路等，作为锻炼平台。语文教师应利用生活资源，引导学生课堂外学习，体验口语交际乐趣。在与不同人交往中，教师应引导学生理解适应不同社交场合，使用恰当语言。这些实践将锻炼学生的口语交际能力，为其全面发展打基础。

3.关注学生体验

为全面促进学生成长，教师应关注学生真实体验，鼓励其表达沟通。需构建宽松民主课堂氛围，教师开放心态接纳学生感受，避免成人标准评判。智慧教师提出五个"允许"原则，消除学生畏惧，激发积极交际。这五个原则分别是：说错了允许重说，让学生敢于尝试，不怕犯错；没说完整的允许补充，鼓励学生完整表达自己的想法；没有想好的允许再想，给予学生足够的思考时间；不清楚的允许提问，培养学生的好奇心和求知欲；有不同意见的允许争论，促进学生之间的思想碰撞和观点交流。在这样的环境中，学生心扉敞开，思维活跃，情感满足。

当然，教材中口语交际设计虽具开放性和选择性，但不一定适合每位学生。因学生家庭背景、知识储备、生活感悟不同，教师需灵活拓展内容。如"漫话探险"专题，教师可结合学生兴趣和认知水平，播放杨利伟太空录像创设情境，设计模拟采访活动，鼓励学生讲述探险故事。此方式可丰富学生知识储备，锻炼口语表达和思维能力。

第三节 审美鉴赏——阅读理解教学法优化

一、中学语文阅读教学法的目的

中学阶段的语文阅读教学活动具备明确的导向性，其主要目标可概括为以下几点。

（一）培养中学生的阅读能力

中学语文阅读教学是教育体系中至关重要的一环，其核心目标在于全面提升中学生的阅读能力。这一目标的设定，源于对中学语文课程整体教学目标的深度理解与把握。根据《九年义务教育语文课程标准（实验稿）》的规定，语文课程旨在培养学生的全面语文素养，以满足他们未来生活、学习和工作的实际需求。[1]

阅读能力通常可分解为以下几种特定的技能。

1.阅读感知能力

阅读能力是中学生学习过程中的一项关键技能，它涉及对语言文字的深度理解和对知识的高效吸收。而这一切的基础，就是对言语形式和音义的感知能力。感知能力是个体阅读理解的起点，它涵盖了对字形、字音、字义的准确把握，以及对文章主旨和作者情感的初步理解。同时，它还要求学生能够有效地与他人分享和交流自己的阅读体验。

在培养中学生的阅读能力时，教师首先应注重对感知能力的引导和塑造。这需要学生具备一种专注和耐心，能够静下心来，不被外界的浮躁和内心的慌张所干扰，一遍又一遍地深入阅读文本。有的教师会建议学生在预习阶段至少阅读课文三遍：第一遍是基础，主要任务是认字解词，理解句子的基本含义，对文章的大致内容有个初步的了解；第二遍则更深入，学生需要理解文章的段落结构，把握作者的思维脉络；第三遍则是整合和内化，学生需要在心中反复回味，让文章的内容和情感深深地烙印在心中。

2.阅读理解能力

阅读理解，是读者运用自身的知识库，对文本进行解读和构建的过程，旨在揭示隐藏在语言文字背后的思想、情感或社会信息。这一能力是独立阅读能力的基石，尤其在中学生的阅读教育中，理解能力的培养显得至关重要。

首先，理解并非孤立的，它始终发生在一个特定的语境之中。语境，对

---

[1] 邵红立.中学语文教学实践研究[M].成都：电子科技大学出版社，2015：145.

第五章　创新教育视野下中学语文教学法的具体应用与优化

于书面语来说,不仅包括了句子的前后文,也涵盖了作者的思维倾向、社会或自然环境等更广阔的意义背景。如同拼图,一个词汇是局部,相关句子是更完整的图像,而语段和全文则构成了整个画面。因此,提高阅读理解力,首要任务是培养学生的语境意识,让他们学会在语境中寻找线索,分析和解读文本的深层含义。

其次,理解文章的逻辑脉络是揭示其真谛的关键。词序决定了句子的基本含义,句与句的关联揭示了段落的主题,而各段之间的互动则构成了文章的中心思想。这就需要教师引导学生逐步剖析文本,从词汇到句子,从句子到段落,再到全文的结构,逐步理清作者的思维路径,从而深入理解文章的主旨。

3.阅读评价能力

阅读评价能力,是一种在全面、深刻理解读物的基础上,对其格调的高低、社会作用的大小或积极与消极等进行判断的能力。这种能力的发挥,首先建立在对读物的深入理解和欣赏之上,它超越了单纯的情感体验,更倾向于一种理性的认知活动。

4.阅读鉴赏能力

所谓阅读鉴赏能力,实则是读者在全面而深刻的阅读基础上,所形成的一种对作品思想内容与语言形式进行审美评价的综合能力。这一能力不仅要求读者具备扎实的语言文字功底,还需具备丰富的情感体验与深刻的思考能力,方能驱遣想象,反复涵泳,最终达到对作品内涵的深刻理解与审美享受。

在浩瀚的书海中,阅读鉴赏能力如同灯塔,指引我们穿越文字的迷雾,发现那些隐藏于字里行间的智慧与美。它不仅是阅读能力中的佼佼者,更是我们与作者跨越时空进行心灵对话的桥梁。当我们选择阅读一篇文章时,鉴赏能力便已悄然启动,它促使我们审视文章的选材、构思、语言乃至情感表达,从而做出是否值得继续深入阅读的判断。而在阅读过程中,对作品中人物形象的情感共鸣、对精彩段落的反复咀嚼,更是鉴赏能力的重要体现。

然而,鉴赏能力的真正考验在于阅读的评价阶段。在这一阶段,读者需运用自己的知识储备、生活经验和心智技能,对作品的内容、内在价值及社会效益进行全面而深入的评价。正如"一千个读者就有一千个哈姆雷特",由于读者的个体差异,鉴赏所得也往往千差万别。因此,要提高学生的鉴赏能力,就必须不断拓宽学生的视野,丰富其学识,引导其以更加敏锐的洞察力和更加深邃的思考力去解读作品。

5.阅读迁移能力

阅读迁移能力,是一种至关重要的认知技能,它涉及个体如何将从阅读中获取的知识、技能和情感理解,有效地应用到新的情境和问题解决中。这种能力的核心理念是促进读者从被动的"信息接收者"转变为积极的"知识创造者",从单一的"理解"阶段过渡到"应用"和"创新"阶段。

首先,阅读借鉴力是阅读迁移能力的基础。它要求读者能够从大量的文本信息中提炼出关键点,概括出普遍的规律和模式。这就像一个矿工,他需要从矿石中提炼出珍贵的金属,通过这个过程,阅读者能够将零散的知识点整合成一个有条理的知识体系。

其次,阅读表述力是将内在的理解转化为外在表达的关键。这不仅包括用语言清晰、准确地表达自己的观点,也包括用各种形式(如写作、演讲、绘画等)来展示阅读的理解。这种能力的提升,需要大量的实践和反思,以提高信息传递的效率和效果。

最后,阅读类化力是阅读迁移能力的最高体现。它要求读者能够将已有的知识应用到新的、未见过的问题中,进行创新性思考,解决实际问题。例如,一个学生在阅读中理解了如何解决数学的一类问题,当他遇到类似但更复杂的问题时,他能运用之前的知识框架来解决新问题,这就是阅读类化力的体现。

(二)培养中学生良好的阅读习惯

阅读不仅是一种获取知识的手段,更是一种思维训练和人格塑造的过程。因此,教师在教学中应着重培养学生的自觉阅读态度、思考阅读习惯以及良好的阅读方法。

首先,自觉的阅读态度是阅读教学的基石。学生应认识到,阅读的过程是与作者的对话,是自我认知的深化。他们不应仅仅是被动地接受信息,而应以主动的姿态去理解、评价和反思。这就需要培养学生的主体意识，鼓励他们以自己的感性和理性为基础，对文章的内容进行独立的思考和判断。这种主动阅读的态度，将使他们在阅读中收获更多，也更有助于他们的批判性思维能力的提升。

其次，思考的阅读习惯是阅读能力的核心。阅读不应是机械的文字扫视，而应是深度的思维活动。学生在阅读时，应积极思考，提出问题，形成自己的观点。他们应学会从不同的角度审视文本，通过比较、分析、推理，以深化对文章的理解。这种思考的习惯，将使他们的阅读更具目的性，更有深度，也更有助于创新思维的培养。

二、中学语文阅读教学法的优化原则

在构建中学语文阅读教学方案的过程中，遵循科学且适应时代需求的原则至关重要。这些原则不仅旨在提升学生的阅读理解能力，更在于激发他们的学习兴趣，培养批判性思维和人文素养。以下便是几个核心的教学设计原则。

（一）适度性原则

在构建中学语文阅读教学方案的过程中，教育者面临着一项微妙而重要的任务：在"基础性"与"挑战性"之间找到平衡。

一方面，必须充分尊重教育的渐进性和学生的认知发展规律，不能急于求成，过于"越界"。这就好比在攀登知识的阶梯时，我们不能期待学生一步登天，跳过他们尚未充分理解的台阶。如果教学内容过于复杂深奥，超出了学生的理解范围，可能会导致他们感到困惑，甚至对学习产生抵触情绪，这就是我们所说的"消化不良"现象。

另一方面，不能忽视教学的深度和广度，过于保守和简单化。教育的目的不仅是传授知识，更是激发学生的思考能力，培养他们的批判性思维和创新能力。如果教学内容过于简单，学生可以轻易掌握，却无法引发他们的深入思考，这同样是一种失败，我们称之为"吃不饱"现象。这种情况下的学生，可能会对学习失去兴趣，因为他们没有得到足够的挑战，没有机会挖掘自己的潜力。

（二）文体性原则

在当今的教育体系中，语文课堂往往被视作知识的仓库，而文学作品则被简化为传递语法、词汇和修辞技巧的媒介。然而，这种程式化的教学方式忽视了文学作品的丰富性和多样性，忽视了它们作为情感表达、美学体验和人文理解载体的独特价值。诚然，语文教学需要一定的结构和框架，以确保知识的系统性和连贯性，但过度的模式化和僵化只会束缚学生的想象力，削弱他们对文学的深入理解和欣赏。

每一种文学体裁都有其独特的表达方式和艺术魅力。诗歌，如同精巧的画作，通过精心挑选的意象和营造的意境，将作者的情感世界以象征和暗示的方式呈现出来，让读者在字里行间品味无尽的韵味。散文则像是一场心灵的漫步，作者在看似随意的叙述中，巧妙地融合情感与景色，情感与哲理，使读者在平静中感受到生活的深邃和宽广。小说，如同生活的微缩模型，通过描绘特定的环境和塑造鲜明的人物形象，展现出人性的复杂和社会的多元。它以故事的形式，引导读者深入角色的内心世界，体验不同的人生境遇，从而引发对自我和世界的深度反思。而戏剧，以其强烈的冲突性和直观性，通过紧凑的情节和生动的对话，将人性的矛盾和生活的冲突直接呈现在舞台上，使观众仿佛置身其中，感受强烈的情感冲击。

因此，中学语文阅读教学内容的设计，不应忽视不同文体的差异性。教师应引导学生去欣赏诗歌的韵律美，理解散文的意境美，探索小说的深度美，感受戏剧的冲突美。通过比较和对比，让学生体验到文学的多元魅力，激发他们对文学的热爱，培养他们的批判性思维和人文素养。只有这样，我们才能真正实现语文教学的目标，即通过文学，让学生更好地理解世界，更好地认识自我，更好地表达情感，更好地欣赏生活的美。

（三）主体性原则

主体性原则体现在对文本作者、教材编选者、语文教师和学生四方面主体性的尊重与坚持上，更需要在实践中不断丰富其内涵，通过具体实例、数据统计及实证研究，使之更加生动、具体、具有说服力。

1.坚持文本作者的创作主体性

文本创作过程往往充满了个人色彩与时代背景的痕迹。正如古人所言，"文以载道"，每篇文章都是作者在一定情境下，为抒发特定情感、表达独到见解而精心雕琢的艺术品。因此，在中学语文阅读教学设计中，必须首先引导学生成为"侦探"，去探寻作品背后的故事。以鲁迅先生的《从百草园到三味书屋》为例，学生不仅要了解文章描述的童年趣事，更要深入探究鲁迅先生的成长环境、家庭背景以及当时社会的文化氛围。通过对比鲁迅其他作品，如《呐喊》《彷徨》等，可以发现其作品中常有的批判精神与对旧社会的深刻反思，这有助于学生更全面地理解《从百草园到三味书屋》中蕴含的情感与思想。

2.坚持教材编选者的选择主体性

教材，作为教学活动的蓝本，其编选过程凝聚了编者的智慧与心血。每篇入选的文章，都经过了精心挑选与编排，旨在构建一个完整、系统、具有针对性的知识体系。因此，教师在进行教学设计时，必须深刻理解编者的意图，把握教材的编排特点。以人教版初中语文教材为例，其选文不仅涵盖了古今中外的经典作品，还注重了体裁的多样性，如散文、小说、诗歌、戏剧等。这样的编排旨在通过不同类型的文本，培养学生的综合素养与审美能力。教师在教学设计中，应充分利用这一特点，设计多样化的教学活动，引导学生感受不同文本的魅力。

3.坚持语文教师的教学主体性

在中学语文阅读教学中，教师不仅是知识的传授者，更是教学活动的组织者、引导者与促进者。教师的主体性作用体现在对教学内容的选择、教学方法的创新以及教学过程的调控上。为了激发学生的阅读兴趣与积极性，教师可以采用多种教学方法，如情境教学、角色扮演、小组讨论等。这些方法不仅能够丰富课堂形式，还能使学生在轻松愉快的氛围中深入理解文本内容。某位语文教师在教授《背影》一课时，通过让学生分角色扮演父亲与儿子，模拟车站送别的场景，使学生深刻感受到了父子之间的深情厚谊。这种情境教学法极大地提高了学生的学习兴趣与参与度。

4.坚持学生的学习主体性

学生是教学活动的主体，他们的学习状态与效果直接关系教学目标的实现。因此，在中学语文阅读教学设计中，我们必须充分尊重学生的主体性，关注他们的学习需求与个性差异。教师可以根据学生的实际情况，制订个性化的教学计划与评价标准。同时，鼓励学生积极参与课堂活动，勇于表达自己的观点与见解。通过师生互动、生生互动等方式，构建一个和谐、民主、开放的课堂氛围。一项针对学生学习主体性的研究发现，当学生成为学习活动的主体时，他们的学习积极性与主动性会显著提高，思维更加活跃，创新能力也得到增强。这表明，坚持学生的学习主体性，对于培养学生的综合素养与创新能力具有重要意义。

（四）个性化原则

在构建中学语文阅读教学设计的过程中，秉持个性化原则至关重要。这一原则强调，教师在引导学生探索文本深层含义时，应尊重并激发学生的独立思考和独特见解，鼓励他们形成个性化的阅读体验。简言之，教师应以"解文""知人""论世""察己"为教学主线，帮助学生全面、深入地理解文本，同时培养他们的批判性思维和自我认知能力。

"解文"是阅读的第一步，要求学生能够准确理解文本的字面意义和篇章结构，把握文章的主旨和脉络。教师可以通过提出开放性问题，引导学生从不同角度解读文本，从而打破单一的解读模式，培养他们的多元思维。

"知人"则需要学生探究作者的生平、思想、创作背景等，以理解作者的写作动机和观点。教师可以引入相关的历史资料，或者分享作者的逸闻趣事，使学生能够站在作者的视角去感受和理解文本，增强阅读的深度。

"论世"是指引导学生将文本放入其产生的历史、社会、文化背景中去分析，理解文本的现实意义和时代价值。教师可以组织学生进行小组讨论，让他们从不同的历史时期、地域文化等角度出发，探讨文本的多元解读，培养他们的历史意识和社会责任感。

"察己"是阅读的最高境界，要求学生能够反思文本对自我成长、价值观的影响，实现自我教育和提升。教师可以鼓励学生分享阅读感受，引导他们将文本中的智慧和启示应用到实际生活中，促进他们的自我认知和人格成长。

中学语文阅读教学设计的个性化原则旨在打破传统的"填鸭式"教学，倡导以学生为主体的阅读教学模式。通过"解文""知人""论世""察己"的教学策略，不仅可以提高学生的阅读理解能力，更能培养他们的创新思维、批判性思维和自我发展能力，为他们的终身学习和全面发展奠定坚实基础。

三、中学语文阅读教学法优化设计

（一）中学语文阅读教学的常用方法

在中学语文阅读教学中，常见的教学方法包括提问对话法、理清思路法、言语分析法和诵读涵泳法等。

1.提问对话法

阅读教学过程中，教师的提问技巧扮演着至关重要的角色，它如同一座桥梁，连接了教师的教与学生的学，激发了学生的思维活力，引导他们主动投身于知识的探索之中。

提问的目的，一方面在于引发学生的认知冲突，通过提出挑战性的问题，激发他们对新知识的探索欲望，鼓励他们接受并乐于面对具有一定难度的智力任务。另一方面，提问也是为了提供"支架式"支持，帮助学生构建思维框架，引导他们的个人思考或集体讨论向更深层次发展。

从提问的内部结构来看，总分式提问有助于学生把握整体与部分的关系，台阶式提问则引导他们逐步深入理解，连环式提问鼓励他们进行多角度思考，而插入式提问则能激发他们对关键信息的关注。根据提问策略，直问直接而明确，曲问则需要学生从间接线索中寻找答案，逆问则通过挑战学生的既有观念来激发思考，比较式提问则引导他们发现事物之间的异同，选择式提问则提供了一种更高效的信息筛选方式。

2.言语分析法

言语分析法根基在于对文本的细致入微的阅读和解析。这个过程不仅涉及对语言本身的掌握，如词汇、语法和句式，还涵盖了修辞学、逻辑学、心理学、语境和语体等多个学科的交叉应用。通过这种方法，可以洞察作者的意图，理解他们为何选择特定的言语形式来表达特定的思想和情感，以及这些形式如何最恰当地传达了内容的精髓。

在实际操作中，言语分析法首先要求学生对文本进行直观的感知，捕捉到文字表面的含义和情感色彩。然后，教师引导学生逐步剖析文本的深层结构，分析词语和句子的精确含义，句群和段落的逻辑关系，以及篇章的整体布局。这个过程就像解码一样，揭示出隐藏在文字背后的作者的思维过程和表达技巧。

3.诵读涵泳法

诵读的过程，就像是一场与作者的心灵对话，读者在诵读中追寻作者的创作动机，感受其创作时的情境。例如，当我们诵读李白的《静夜思》时，通过诵读，我们可以感受到诗人对故乡的深深思念，体验到那份在寂静夜晚涌上心头的孤独感。这种诵读体验，使我们不再是被动的阅读者，而是成为主动的参与者，与作品产生共鸣。

涵泳，更像是一种内化的阅读方式，强调的是在阅读中沉浸、体验和自我反思。教师引导学生涵泳，首先要培养他们虚心定气的阅读态度，因为浮躁的心态无法深入理解文本。其次，要让学生理解"默识心通"的道理，即通过默默地思考和内心的感悟，去理解文字背后的深意。再者，要引导学生学会"切己省察"，即联系自身经验，从个人的角度去审视和理解文本。最后，涵泳也离不开诵读，通过诵读将文字转化为内在的理解和体验。

诵读与涵泳虽然在方法上有所区别，但它们是相辅相成的。诵读强调声音的表达，有助于理解和感受；涵泳注重内心的体验，有助于深化理解和记忆。两者共同作用，可以激发读者的想象力，增强阅读的趣味性，使读者在阅读中获得乐趣，同时也能更有效地提升阅读理解能力。

第五章　创新教育视野下中学语文教学法的具体应用与优化

（二）中学语文阅读教学方法的选择依据

在中学语文阅读教学中，如何精准地选择适宜的教学方法，对于提升教学质量、促进学生全面发展具有举足轻重的意义。

1.教学目的：教学航标，引领方向

教学目的，作为教学活动的出发点和归宿，是选择教学方法的首要考量。它如同航海中的灯塔，为教学航程指明了方向。正如古人所云："教无常法，贵在得法。"这里的"得法"，便是要求教学方法必须紧密围绕教学目的，确保教学活动有的放矢，避免形式主义或"为技巧而技巧"的误区。例如，在培养学生的阅读鉴赏能力时，若教学目的侧重于引导学生深入理解文本，那么选择深度解读、对比分析等教学方法将更为适宜。反之，若目的在于激发学生的阅读兴趣，则可采用角色扮演、情景模拟等更加生动有趣的教学方式。通过明确教学目的，教师可以有针对性地选择教学方法，从而确保教学活动的高效进行。

2.教学内容：因材施教，灵活多变

教学内容作为教学方法的载体，其特性直接决定了教学方法的选择。中学语文阅读教学涉及的内容广泛，既有浅显易懂的散文小品，也有深奥难解的经典名著；既有观点鲜明的议论文，也有情感丰富的文学作品。针对不同类型的教学内容，教师应灵活选择教学方法，以达到最佳教学效果。对于浅显通俗的教学内容，如寓言故事、现代诗歌等，可采用朗读法，让学生在声情并茂的朗读中感受语言的魅力，体会作者的情感。而对于深奥复杂的教学内容，如古文经典、哲学论文等，则更适合采用分析讲解法，通过教师的详细剖析，帮助学生理解文本的深层含义。此外，对于富有争议的教学内容，如社会热点、文学评论等，可采用讨论法，引导学生发表个人观点，培养批判性思维能力。

3.教师特点：扬长避短，发挥优势

教师在教学活动中扮演着至关重要的角色，其知识修养、能力素质、风格特长等因素均会影响教学方法的选择。因此，在选择中学语文阅读教学的方法时，必须充分考虑教师的特点，做到扬长避短，发挥教师的优势。

有的教师擅长口头表达，善于用生动的语言吸引学生注意力；有的教师则擅长板书设计，能够用简洁明了的板书帮助学生理清思路。在选择教学方法时，教师应根据自己的特长进行灵活调整。例如，擅长口头表达的教师可以多采用讲述法、提问法；而擅长板书设计的教师则可以在讲解过程中穿插板书，帮助学生更好地理解文本内容。

总之，在选择中学语文阅读教学的方法时，我们要充分考虑教学目的、教学内容、教师特点、学生特点以及教学物质条件等多方面因素，做到因材施教、灵活多变；同时也要注重教学方法的创新与实践的不断探索应适合学生发展和学习需求。

（三）中学语文阅读教学方法的优化组合

"最优化"一词源于数学领域，其核心理念是通过科学的规划和设计，以最小的投入获取最大的效益。在20世纪中叶，这一理论被广泛引入交通运输、生产管理等多个领域，以解决复杂问题并提升效率。当这一理论应用于教育领域，便催生了教学最优化理论。教学最优化不仅关注教学内容的传递，更强调如何以最小的精力消耗，实现教学效果的最大化。在中学语文阅读教学中，实现教学方法的最优化组合是一项关键任务。

首先，教师需要具备开阔的思维视野，广泛搜集和尝试不同的教学方法。如同烹饪大师调和各种食材，教师也需要从多种教学策略中挑选出最能激发学生兴趣和理解力的方法。多样化的教学方法能提供更丰富的比较和选择，有助于找到最适合的教学路径。

其次，对每种教学方法的深入理解和评估是优化组合的前提。教师需要清楚地认识到每种方法的优缺点，如同医生诊断病症，需要对症下药。只有深入了解，才能在实际教学中灵活运用，选择出最适合特定教学情境的方法。

第四节 文化创造——语文写作教学法优化

一、中学语文写作教学法的基本理念

随着对中学语文写作教学法的深入探究，一系列创新的教学理念已被一些学者提出。

（一）把"教作文"与"教做人"紧密结合

中学语文课程性质的多元性和深度决定了写作教学的复杂性和全面性。写作，不仅是一种语言技巧的展示，更是一种思想的表达、情感的流露和人格的塑造。"为做人而作文，以作文促做人"，这句富有哲理的话语，揭示了中学写作教学的核心价值观，即通过写作，促进学生的全面发展，塑造其健全的人格。写作水平的高低，绝非仅仅取决于技巧的熟练程度，而是由思想深度、知识广度、生活体验以及文字表达能力等多方面因素共同决定。学生在写作中，可以反思自我，洞察世界，从而提升思维能力，丰富情感体验，塑造独特的价值观。同时，写作过程也是对个人品质的磨砺，如诚实、坚韧、创新等，这些都是做人的重要品质，也是通过写作教学可以潜移默化地培养的。然而，现实的教学实践中，我们往往过于强调写作的技巧性，而忽视了其与做人教育的紧密联系。作文教育虽然重要，但仅仅停留在这个层面，无疑是片面的。做人与作文的关系，更应该被视为一种相互渗透、相互促进的动态过程。人的内在品质和精神世界可以通过文字得以展现，而写作活动又能反过来影响和塑造人的品行、德性和情操。因此，教师在指导学生写作时，应引导他们将生活体验、情感感悟与道德修养融入其中，使作文成为自我表达和人格塑造的有力工具。

（二）写作教学要贴近生活

基础教育阶段的语文课程标准，如同一盏明灯，照亮了学生探索知识的道路，它强调学生应"多角度地观察生活，发现生活的丰富多彩"。在写作的领域，这一标准更进一步，明确指出写作是"认识世界、认识自我、进行创造性表述的过程"。中学语文教育，作为基础教育的基石，肩负着将这一理念付诸实践的重任，它需要激发学生对生活的热爱，引导他们用文字描绘生活的千姿百态。"生活是语文的源泉"，这句名言揭示了语文学习的本质。正如我们所知，语文学习的边界与生活经验的边界是相吻合的。写作，作为一种社会交流的工具，其生命力源于社会生活，学生应在社会生活中学习如何表达自我，如何描绘世界。在信息化社会的今天，学校与社会生活的界限日益模糊，这种紧密的联系为写作教学提供了丰富的实践场景，使得学生的写作不再局限于书本，而是能够与现实生活产生共鸣，从而避免了那种脱离实际的"闭门造车"式写作。这种写作方式不仅能够激发学生的写作热情，也更易被社会所接纳和欣赏。

因此，教师的角色就显得尤为重要。教师需要引导学生关注身边的世界，从日常生活中挖掘写作的素材，设计出与学生生活实际相契合的写作题目，让学生有机会自由地表达自己的观点和感受。在提升语言表达技巧的同时，通过讨论作文内容，可以促进学生语文素养的全面提升，培养他们的批判性思维和创新能力。同时，中学生自身也需要意识到，生活实践是写作的无尽宝库。学生需要敏锐地捕捉生活中的点滴，用心感受世界的美好与复杂，将这些真实的体验转化为生动的文字。只有这样，他们才能在写作中自然而然地融入现实生活，实现写作与生活的无缝对接，让文字成为连接自我与世界的桥梁。

（三）注重学生思维能力的培养

思维能力是理解和把握世界本质规律的关键能力，尤其在写作中，它能将抽象的概念转化为生动的文字。中学生的思维能力发展正处于一个关键的阶段，他们的抽象思维能力如春笋般快速成长，思维的品质也在不断升华。

第五章　创新教育视野下中学语文教学法的具体应用与优化

从小学的具象思维过渡到中学的抽象思维，学生的思维广度和深度、独立性和批判性、敏捷性和灵活性等多维度的思维品质都在迅速提升。特别值得一提的是，中学生开始学会独立思考，对事物的批判性理解能力显著增强，他们不再盲目接受既定观念，而是开始尝试从不同的角度去审视和解读世界，这是一种思维的觉醒，也是他们成长的重要标志。

以《"愚公移山"读后感》的写作任务为例，教师应尊重并鼓励学生多元化的思维表达。对于那些坚持传统观念，认为意志可以决定客观的学生，他们的观点反映出一种文化现象，值得我们尊重。而那些主张搬家，强调劳动效率的学生，他们的观点则体现了经济学的价值观，同样应该得到认可。甚至还有些学生提出开发旅游业，他们的创新思维展示了对问题的多角度思考，这也是教育所倡导的。这些不同的观点，无论是否符合传统，都是学生独立思考和批判性思维的体现，教师应鼓励这种开放和多元的思考方式。

二、中学语文写作教学法的优化原则

遵循一定的原则，可防止中学语文写作教学中出现无的放矢或效率低下的状况。基于实际操作的经验验证，我们提出中学语文写作教学应恪守以下原则。

（一）真实为先

写作是学生内心世界的独特展现，是他们情感的自然流淌，是思想的火花碰撞。在这一过程中，教师的角色至关重要。他们需要像园丁一样，精心呵护每一个学生的心灵花园，尊重每一个独特的声音，珍视每一次情感的涌动。教师应立足于学生的生活实际，这是写作的肥沃土壤，是灵感的源泉。无论是家庭的温馨，还是校园的欢笑，无论是社会的繁杂，还是自然的宁静，都是学生写作的宝贵素材。教师的任务是唤醒学生习作的主体意识，让学生认识到写作是自我认知的过程。引导学生捕捉生活中的感受并记录表达。鼓励学生表达真情，创设轻松自由的写作情境。教师应注重引导学生学会运用各种写作技巧，如生动描绘、有力论证、巧妙比喻等。同时，教导学生批判性思考，用文字构建观点，提升写作深度和广度。

（二）重视合作

在当今的教育环境中，合作的力量不容忽视。尤其在中学语文写作教学中，强调合作的价值，可以打破传统的单向传授模式，激发学生的创新思维和批判性思考。合作，这个概念的核心在于不同个体之间的互补性，它涵盖了不同的智慧水平、知识结构、思维方式和认知角度。每个人都有其独特的见解和理解，通过合作，这些独特的元素可以相互碰撞，产生出新的火花，进而推动教学效果的改善。

教师的角色从单一的传授者转变为引导者和参与者。在学生完成任务的过程中，教师可以深入到学生中，与他们进行个体或小组的交流，提供指导性建议。对于同一篇文章，不同的个体和小组可能会有不同的解读和观点，教师的参与可以引导学生从多角度进行思考，促进深度学习的发生。正如中国古语所说，"仁者见仁，智者见智"，在这样的交流和讨论中，学生的思维将更加开阔，理解也将更加深入和系统。

（三）走开放式道路

中学语文写作教学受应试教育体制的束缚，往往过于注重技巧的传授与应试能力的提升，而忽视了对学生创新思维、批判性思维以及情感表达能力的培养。这种封闭式的教学模式限制了学生的视野，抑制了他们个性的发展。因此，在新时代背景下，中学语文写作教学必须勇于突破传统框架，积极探索和实践开放性教学的新路径。

近年来，随着创新教育的深入推进，综合实践活动课程和研究性学习形式的兴起，为中学语文开放性写作教学提供了广阔的舞台。

综合实践活动无疑为学生提供了更加自由、开放的学习环境，有助于激发他们的学习兴趣和创造力。此外，话题作文这一作文训练形式的兴起，也

第五章 创新教育视野下中学语文教学法的具体应用与优化

为中学语文开放性写作教学注入了新的活力。话题作文以其"三开放"的特点——写作范围的开放、写作文体的开放、写作要求的开放——受到了广大师生的欢迎。它打破了传统作文命题的束缚，给予了学生更大的发挥空间，让他们能够根据自己的理解和感受，自由地选择角度、表达观点。这种作文形式，不仅有助于培养学生的创新思维和表达能力，更能够引导他们关注社会现实、思考人生哲理，从而实现知识与情感的双重提升。

三、中学语文写作教学法优化设计

（一）中学语文写作教学的方法

通常情况下，中学语文写作教学的策略主要涉及向学生传递关键的写作知识，这包括写作的基本原理、技巧，以及各类文章的文体特性等。在这一基础上，教学方法会采用多元化的写作训练手段，以激发学生的学习兴趣，同时使他们能够掌握不同写作方式的独特性和需求，从而达到拓宽视野、锻炼思维的目的。[①]其主要的训练方法可归纳为以下几种。

1.模仿写作训练

在写作教育的广阔领域中，最常被采用的教学策略无疑是引导学生通过模仿、改写、借鉴和博采等手段，逐步掌握写作技巧并发展个人创作风格。这一方法论强调了学习过程中的实践性，以及对已有知识的再创造，从而在模仿中孕育创新，在借鉴中培养个性。其结构层次分明，层层递进，旨在帮助学生从基础的模仿阶段逐渐过渡到自由创作的阶段。

仿写是学习写作的基石，它要求学生像描绘画像一样，按照范文的结构、语言和内容进行"依样画葫芦"的练习。如点摹法注重对范文某一特点的精确复制，如句型、修辞或主题思想；而全摹法则更注重整体的模仿，要

---

① 郭红.作文能力培养与课堂教学设计[M].长沙：中南大学出版社，2016：123.

求学生全面理解和把握范文的风格,然后尝试复制其整体效果。这种模仿训练有助于学生理解和掌握优秀写作的规范和技巧。

改写是仿写的深化,它鼓励学生在保持原作基本精神的基础上,对范文进行创新性的改编。改写的形式多样,如缩写要求学生在保持原意的基础上压缩篇幅,锻炼其提炼和概括的能力;扩写则鼓励学生丰富原作的细节,提升其想象力和描述力;续写则需要学生在理解原作情节的基础上,发展出新的故事线,培养其创新思维。此外,变形式改写和变角度改写则更注重从形式和视角上对原作进行创新,以激发学生的多元思考。

借鉴是写作学习的进阶阶段,它强调的是学习者对范文的批判性接受和个性化处理。如貌异心同是形式上的变化,但主题保持一致;词同意不同和意同词不同则是在保持原意的同时,通过词汇和表达方式的替换,以展现语言的丰富性和多样性。这种借鉴方式有助于学生形成独立的见解,发展出独特的写作风格。

博采是写作能力的综合体现,它要求学生广泛阅读,从多篇文章中汲取营养,然后经过消化和整合,形成自己的独特见解和表达方式。这一阶段,学生已经具备了独立思考和创新表达的能力,能够从模仿走向创造,写出具有个人风格和深度的文章。

2.单项作文训练

小作文,是我们在教学过程中常常提及的一种写作训练方式,其核心理念是针对学生在写作过程中遇到的特定困难进行精细化、模块化的指导。这种训练方法的出现,源于对学生写作能力提升需求的深度洞察,旨在帮助学生逐步克服写作中的各种难题,如创新思维的缺乏、表达技巧的不足等。

以作文命题为例,我们发现许多学生的作文题目往往过于宽泛或缺乏新意,这无疑会影响读者的第一印象,也限制了学生自身创造力的发挥。因此,我们可以设计专门的类似"让作文题目亮起来"的训练,引导学生从不同角度、用新颖独特的词汇或表达来拟定题目,以此激发他们的创新思维,提升作文的吸引力。学生的作文内容往往过于平铺直叙,缺乏生动的描绘和深度的议论。针对这一问题,教师可以进行表达方式的综合运用训练,让学生学会在叙述中穿插描绘,用议论深化主题,同时,也可以引导他们学习并运用各种修辞手法,如比喻、拟人、象征等,使文章更具文采和感染力。

第五章　创新教育视野下中学语文教学法的具体应用与优化

此外，我们还可以针对作文的立意、结构进行专门训练。立意是文章的灵魂，通过训练学生如何提炼主题，如何从平凡中挖掘出不平凡，可以提升文章的思想深度。而结构的合理安排，则能使文章逻辑清晰，阅读体验更佳。

小作文的训练特点是针对性强，每次训练聚焦一个具体问题，目标明确，易于实施，且效果明显。由于篇幅短小，学生不会感到压力过大，反而能在短时间内看到自己的进步，从而增强写作的信心和兴趣。这种训练方式，无疑为提高学生的写作能力提供了一条有效的路径。

3.材料作文训练

材料作文训练，一种在语文教学中常见的写作练习方式，其特点是半命题性质，即教师提供特定的材料，学生需要根据这些材料进行创作。这种训练模式因其独特的综合训练价值而备受推崇。它不仅能够锻炼学生的观察力，激发他们的联想和想象力，还能够提升他们的写作技巧，同时，通过分析材料，还能培养学生的阅读理解能力，可谓一举多得。

材料作文的多样性也是其独特魅力之一。材料可以是具体事实，如历史事件、社会现象，需要学生从不同角度进行深入剖析，寻找新颖独特的观点；也可以是观点或理论，学生可以直接从中提炼出写作论点，但须确保理解准确，避免断章取义。此外，比喻材料和寓意材料则需要学生具备较高的抽象思维能力，通过解读象征意义，挖掘深层次的含义。

在指导学生进行材料作文时，首要任务是帮助他们准确、全面地理解材料。教师应引导学生仔细研读、分析材料的深层含义，避免表面化的理解。对于事实材料，鼓励学生从多个维度进行思考，寻找不同的切入点，以展现其多元性；对于观点材料，学生需要深入挖掘其背后的逻辑和哲理，确保提出的论点具有深度和独到性。

4.命题作文训练

命题作文训练是一种常见的写作教学方式，它旨在锻炼学生的思维能力，激发他们的创造力，并提升书面表达技巧。

首先，教师在命题设计完成后，不应立即让学生动笔，而应与命题进行深入的对话。教师应思考，这个题目是否能引发学生的思考，他们是否有足够的素材来展开论述，又该如何构思才能使文章独具特色。教师可亲自尝试写作，通过实际操作来感知命题的难度和适用性，从而对命题进行必要的调整和优化。

其次，教师应引导学生与生活进行对话，因为语文的源泉就是生活，作文更是生活体验的提炼和升华。苏霍姆林斯基的"蓝天下的学校"理念强调了生活与学习的紧密联系。他鼓励教师定期带学生走进大自然，让他们在实践中学习，在生活中寻找灵感。在命题作文指导课前，教师应有意识地让学生接触和体验生活，积累丰富的素材，增强他们对生活的感性认识，这对于他们写作时的表达和描绘将大有裨益。

5.自由作文训练

自由作文训练旨在挖掘学生的内在创造力，激发他们的写作热情，并在无拘无束的环境中培养他们的写作技巧。在设定的时间框架内，教师以引导者的角色，鼓励学生自由地、自发地去描绘他们心中的世界，无论是真实生活的细腻刻画，还是内心深处愿望的流露，甚至是天马行空的想象编织。这种教学方法的自由度和灵活性，就如同为青少年的思维插上了翅膀，让他们在文字的海洋中自由翱翔，可充分展现他们活泼、好奇、探索、创新的天性。

（二）中学语文写作教学法的选择

在语文写作教学中，教师的角色至关重要，他们需要采取有效的策略来引导学生探索和表达自我。以下是教师在选择语文写作教学法时应关注的几个关键方面，以激发学生的写作潜力，培养他们的写作技能和习惯。

首先，激发学生的写作兴趣是教学的首要任务。兴趣是最好的老师，教师需要深入了解每个学生的兴趣和需求，制定出符合他们个性的目标。避免过于严格的写作规定，而是创造一个鼓励学生自由表达的环境，让他们愿意并乐于写作。正如古人所说，"心有灵犀一点通"，只有当学生对写作充满热情，他们的思想和情感才能如泉水般涌出，流淌在字里行间。

其次，培养学生的积累习惯是提高写作质量的关键。许多学生在写作时感到困惑，往往是因为缺乏观察和素材。教师应引导学生学习那些才华横溢的学者和作家，他们丰富的知识和生动的表达都是长期积累和提炼的结果。

第五章　创新教育视野下中学语文教学法的具体应用与优化

为此,教师可以教授学生如何做读书笔记,以提高阅读效果和质量,同时鼓励他们积极参与各种生活实践,从实际生活中汲取灵感,养成观察、体验和记录生活的习惯。

(三)中学语文写作教学法的具体优化设计

1.中学语文写作教学设计的过程

(1)需求分析

写作教学设计分整体和具体两个层次。整体设计针对整个教育阶段,设定教学目标、内容和方法。具体设计针对每次写作活动,需更细致规划。需求分析是首要步骤,教师可收集和分析学生需求信息确定教育目标。需求涵盖教育、社会、职业、生理、心理和娱乐等层面:教育上需了解学生写作指导需求;社会上需培养社会交际能力;职业上需注重实用技能培养;生理需求则关注写作活动如何促进学生的身体协调性,例如,正确的坐姿和手眼协调能力的培养;心理层面,写作可以作为自我表达和情绪调节的工具,帮助学生丰富情感体验,提高自我认知;娱乐性是激发学生写作兴趣的关键,教师应创新教学方法,使写作活动充满乐趣,如通过故事创作、角色扮演等方式。因此,对学生的写作需求分析应涵盖三个主要方面:一是指导需求,即教师如何更有效地进行教学;二是环境需求,如何利用家庭、社区和学校资源支持写作学习;三是成长需求,如何满足学生个人发展中的写作需求,帮助他们在写作中实现自我提升。

(2)确立写作教学目标,制订作文计划

语文教学的核心之一是写作课程,其目标设定是教学设计的基石。在语文课程标准中,写作课程的总目标和阶段目标被明确规定,为教师的教学提供了方向。这些目标如同一条贯穿始终的主线,将国家教育目的、义务教育课程目标、专家制定的作文课程目标,以及教师根据学生实际情况制定的阶段目标和单元目标紧密联系起来。理解并把握这些目标之间的层次关系,是教师有效进行教学设计的关键。

教育目标的设定层次分明,从国家层面的教育目的,到专家制定的课程目标,再到教师根据学生需求细化的阶段目标和单元目标,每一层都为上一层提供具体的操作指导。例如，国家教育的宗旨强调普遍提高公民的基本素质，而义务教育课程目标则更具体地明确了学生在各个学科应达到的能力标准。作文课程目标则进一步细化到写作技能的培养，教师在此基础上，结合学生个体差异，设定更具针对性的阶段目标和单元目标。

在明确了写作教学目标后，教师需要进行深入的教学计划设计。这不仅要求教师深入理解课程标准，明确当前阶段在整体写作训练体系中的定位，确定需要训练的目标和要求，以及实现这些目标的步骤，还需要教师对学生进行细致的观察和分析，了解他们的写作水平，包括整体水平和个体差异，以便制定出既有针对性又科学的教学策略。

对于一次具体的写作课，教师在课前需要精心制订教学计划，选择合适的题目，确保题目能够有效达到预期的训练目标。在课后，教师需要认真批改学生的作文，通过反馈和评价，了解学生在实际操作中的问题，及时调整教学策略，以确保阶段目标的顺利实现。

（3）选择教学内容，设计教学方法

制订了教学计划后，教师须根据学生特点和教育目标挑选教学内容。选择内容决定教学效果。设计写作教学内容时，须与教学目标一致，明确目标后规划内容。内容需丰富、针对性强，激发兴趣，帮助学生达目标。组织内容要突出重点，分散难点，预设疑问。教学方法要科学，如课后练习结合理论与实践，考虑学生差异。已有基础的学生直接讲解，缺乏感性认识则利用直观教具。

（4）编制教学方案

写作教学方案，是语文教育工作者智慧的结晶，它以书面形式呈现了教学设计的系统性和实践性。这一方案的构建，旨在为教师提供一个清晰的教学路径，以确保教学活动的有序进行和学生能力的有效提升。其核心内容主要由单元计划、课题计划和课时计划三部分构成。

单元计划是教学方案的宏观视角，包括单元题目、教学目标和教学设想。单元题目定调方向，教学目标明确学生应达水平，教学设想提供创新可能。

课题计划是微观视角，细化教学目标和内容。列出课时主题、目标和预期成果，解析重组内容以符合认知规律。

第五章　创新教育视野下中学语文教学法的具体应用与优化

课时计划是实施蓝图，包括内容、步骤和方法。教师精选组织素材，规定活动顺序，灵活应用以提高实效。

教学方案需灵活调整，根据反馈、环境变化和经验修订，以符合需求，提高质量和效果。

（5）开展作文指导

教师的作文指导是教学中关键一环，贯穿作文全过程。前期，教师引导学生观察生活，积累素材，教授提纲编写，培养观察力和逻辑思维能力。学生写作时，教师变为启发者，引导审题立意，教授技巧，激发学生的创作灵感，培养学生的创新思维和表达能力。学生写作完成后，教师成为编辑和导师，批阅作文，提出修改建议，鼓励反思，培养批判性思维和自我改进能力。整个过程中，教师应灵活教学，关注全面，注重个体，避免过度干预，让学生在实践中学习和成长。

2.不同类型文体的写作教学设计

在中学阶段的语文教学中，记叙文、议论文和说明文构成了主要的写作类型。下面对这三种文体的教学策略进行深入探讨。

（1）记叙文写作教学设计

记叙文主要承担着描绘人物、叙述事件、描绘景物的任务，涵盖了通讯、特写、游记、回忆录等多种形式。在中学生的语文学习中，记叙文占据了相当大的比重，也是学生们在作文中经常选择的文体。因此，教师在教学过程中，对记叙文的写作教学设计显得尤为重要。

记叙文的核心在于叙事，其内容通常围绕着生活中真实、有意义的具体事件展开。这些事件可以是社会性的，如国家大事、社区活动，也可以是日常生活的琐事，如家庭聚会、朋友间的互动，甚至可以是自然界的现象，如日出日落、四季更迭。有人认为，记叙文只能描绘"社会生活的典型事件"，但这种观点过于狭隘。任何能够反映生活本质、引发人们共鸣的事件，无论大小，都有其存在的价值和意义。典型性赋予事件普遍性，社会性则使其具有深远的社会影响力。

在设计记叙文写作教学时，教师应遵循教学大纲的要求，充分理解记叙文的特点，即以生动的叙述方式展现事件的全貌，同时考虑到学生的实际水平和接受能力。教学形式应灵活多样，可以是传统的讲解与示范，也可以是创新的探索与实践，可以简洁明了，也可以详尽深入。重要的是，教学内容应具有实际应用价值，能够激发学生的学习兴趣，体现教学改革的精神。

以"今天中午"为例，教师可以引导学生描绘他们在午餐时间的所见所闻，鼓励他们从听觉、视觉、感觉等多个角度进行描述，以此锻炼他们的观察力和表达力。同时，教师还可以指导他们掌握叙述的节奏变化，如通过慢节奏的描绘来展现安静的午餐氛围，通过快节奏的叙述来刻画紧张的运动场景。这样的教学方式，不仅能让学生掌握记叙文的基本技巧，也能激发他们的创造力，使他们的写作更加生动有趣。

（2）议论文写作教学设计

议论文写作要求作者以事实为基础，以逻辑为纽带，鲜明地表达个人的观点和主张。它不仅是对客观事物的解析和评论，更是作者思想深度和逻辑思维能力的体现。通常，一篇完整的议论文应包括论点、论据和论证三个核心部分，论点是文章的中心思想，论据是支持论点的证据，论证则是将论点和论据有机连接的过程。

在中学语文教育中，议论文写作虽然可能不如记叙文写作那样受到普遍重视，但其在培养学生的逻辑思维、批判性思考和表达能力方面的作用不容忽视。因此，设计有效的议论文写作教学策略显得尤为重要。

教学设计的首要任务是激发学生的思考。中学生生活在信息丰富的环境中，教师须引导他们观察、思考，并讨论争议性事件。教师应帮助学生设定合适的论点，考虑学生实际水平，避免复杂主题。同时，教授学生如何寻找和筛选有效论据，如事实数据、权威观点和实例故事，以增强文章的说服力。

（3）说明文写作教学设计

说明文帮助读者理解并掌握特定事物或过程。撰写时须深入了解对象，突出其独特性质、特征及差异。如《我们的学校》，应挖掘学校独特之处，避免泛泛而谈。教师应引导学生掌握知识，学生需对事物有充分认识，才能合理组织语言，选择合适顺序呈现。如介绍泰山，需深入了解其地理、历史、文化等，否则无法提供有价值信息。

同时，说明文的写作也应注意借鉴其他文体的长处。记叙文中的时间顺序安排，如日记、历史事件的叙述，可以为说明文提供结构参考，帮助读者

第五章　创新教育视野下中学语文教学法的具体应用与优化

按照时间脉络理解事物的发展变化。而在记叙文的写景和游记类文字中，作者常会运用方位顺序，如前后、左右、上下等，这种技巧在说明文的地理、建筑等主题中同样适用，可以使读者在脑海中构建出清晰的图像。此外，议论文中的逻辑推理能力对于说明文中的逻辑顺序安排也具有指导意义。在说明文写作中，作者需要根据事物内部的逻辑关系，进行合理的判断和推理，使读者能够跟随作者的思路，逐步理解并接受作者的观点。

第六章 创新教育视野下中学语文教学法的技术创新与应用

在创新教育视野下，中学语文教学法的技术创新与应用正逐步成为教育改革的重要方向。传统的"填鸭式"教学模式已无法满足现代教育的需求，取而代之的是以学生为主体，注重个性化、多元化和实践性的教学方式。这就需要教师充分利用现代科技手段，创新语文教学方法，提升教学效果。以科技为支撑，以学生为中心，打造高效、生动、个性化的学习环境，以适应未来社会对人才的需求。

第一节　多媒体教学资源的开发与利用

一、多媒体技术与多媒体课件

（一）多媒体技术

多媒体技术，一个在当今数字化时代被广泛使用的专业术语，其根源可以追溯到英文的multimedia。这个词汇是由multiple和media两个词根组合而成，从语义上解读，它涵盖了"多"和"媒体"两个核心概念。在最基础的层面上，多媒体意味着能够处理和融合多种信息形式，包括声音、文字、图像，以及视频等。例如，教师可以使用多媒体课件，将静态的文字和图片转化为动态的演示，帮助学生更好地理解和记忆知识。同时，学生也可以通过互动软件进行自我测试和学习，提高了学习的主动性和效率。此外，远程教育和在线课程的普及，使得优质教育资源得以跨越地域限制，惠及更多的人。

（二）多媒体课件

随着科技的飞速发展，现代多媒体技术已经深入教育的各个角落，极大地改变了传统的教学模式，使得板书的定义也发生了革命性的变化。如今，板书不再仅仅局限于"教师用粉笔在黑板上书写的文字"，而是扩展到了包括多媒体课件、电教板书等在内的多元化教学手段。这些现代板书利用先进的教育技术，将文字、图形、图像、声音和视频等多种媒体有机融合，为学生提供了一种全新的学习体验。

多媒体课件，作为一种具有教学功能的软件，其核心价值在于能够实现和支持特定课程的计算机辅助教学。它将各种媒体信息按照教学目标和教学方式进行集成，以非线性、灵活、立体化的方式呈现知识，极大地弥补了传统教学在直观性、立体感和动态感上的局限。例如，通过动态的图像和声音，学生可以更直观地理解复杂的科学概念，如分子结构或地理现象。此外，多媒体课件的图文并茂设计也极大地提升了人机交互的效率，使学习过程更加生动有趣。

多媒体课件的特性主要体现在三个方面：教学特性、软件特性以及多媒体特性。

首先，教学特性是多媒体课件的根本属性。教学的本质是教师通过教学媒体向学生传递知识，多媒体课件的设计和使用必须遵循学科的教学规律，反映教学过程和教学策略。它能够根据学生的学习需求和能力进行个性化调整，以实现最优化的教学效果，帮助学生达到教学目标。

其次，软件特性是多媒体课件的固有特性。这体现在其开发和运行过程符合软件工程的标准，需要特定的平台和环境支持。

最后，多媒体特性。随着网络技术的进步，多媒体课件可以以网络、光盘等形式广泛传播，打破了时间和地点的限制，使得知识的共享和传播变得更加便捷。

二、多媒体在中学语文课堂中的应用

多媒体仪器在课堂上呈现文字、图片、音乐、视频四种元素。下面结合语文教学案例，分析这些元素的正负面效果，并探讨如何合适引入。

（一）多媒体文字在中学语文课堂教学中的作用

在教育的漫长历程中，教学工具的演变无疑是一个重要的侧面，它反映了人类知识传播方式的不断革新。现代多媒体课堂上的多媒体文字，可以被视为对传统课堂上板书的一次深度挖掘和创新性拓展。传统板书，如同历史的烙印，承载着知识的传递，但其物理局限性也不容忽视。信息量的限制使得教师在有限的空间内精炼语言，而表现形式的单一性则限制了教学的生动

第六章　创新教育视野下中学语文教学法的技术创新与应用

性。一堂课的时间，一块黑板的大小，成为知识海洋中的一叶扁舟。

为了突破这些束缚，教育者们进行了各种尝试。小黑板的出现，如同一次巧妙的创新，它允许教师提前规划教学内容，根据课堂进程灵活调整。这些"移动的黑板"在一定程度上扩大了信息量，使得教学过程更加有序。然而，小黑板的笨重和不便携带的问题，又催生了新的替代品——玻璃纸投影仪。这种基于光学原理的教具，将文字放大投射在幕布上，极大地提升了教学的灵活性和视觉效果，一度成为课堂上的明星。

然而，技术的车轮永不停歇。随着20世纪90年代后期电教时代的来临，玻璃纸投影仪的光芒逐渐被多媒体设备所掩盖。多媒体技术的出现，不仅突破了信息量和表现形式的限制，还引入了图像、音频、视频等多种媒体形式，使得课堂变得更加生动、立体。教师可以轻松地在屏幕上展示丰富的教学内容，学生也能在多感官的刺激下更好地理解和吸收知识。

从板书到多媒体，这不仅是教学工具的更迭，更是教育理念的升级。每一次变革，都是对教学效率和效果的追求，都是为了更好地适应知识爆炸的时代，更好地满足学生多元化、个性化学习的需求。如今，我们正步入一个全新的教育时代，虚拟现实、人工智能等技术正逐步融入课堂，我们有理由期待，未来的教育将会更加开放、包容、高效，而那些曾经的"创新者"——板书、小黑板、玻璃纸投影仪，也将被历史铭记，作为我们不断探索、不断进步的见证。

多媒体技术在文字表现形式上的创新，是其对语文教学的又一重大影响。幻灯片的色彩、字体和大小的自由设定，以及文字出现的顺序和时间，都可以用来强调重点，引导学生的思考方向。

然而，多媒体的灵活性问题也随之显现。预设的课件流程限制了教师在课堂上的随机应变，使得面对学生的突发性思考和讨论时，教师往往难以灵活应对。这在一定程度上削弱了课堂的活力和学生的独立思考能力。为解决这一问题，教师在备课时应保持一定的开放性，不必过分追求教学流程的严密性，允许课堂讨论的自由发展。同时，课件的制作也应更加灵活，为课堂的即时调整留出空间。

（二）多媒体图片在中学语文课堂教学中的作用

多媒体课堂的课件设计，如同烹饪一道色香味俱全的佳肴，文字是食材，而图片则是调料，两者相得益彰，才能激发学生的学习食欲。我们常说"一图胜千言"，这不仅强调了图片的直观性，更凸显了其在信息传递中的高效性。在教学过程中，图片能够将文字的描述和抽象的概念转化为生动的视觉体验，使知识的接受变得更加容易和愉快。

在讲解课文时，无论是介绍作者的生平，还是描绘时代背景，一张适时插入的图片都能为学生打开一扇通往历史或文学的窗口。例如，当教授普希金的《致西伯利亚的囚徒》时，一幅描绘沙俄时代风貌的图片，或是普希金的肖像，都能让学生在瞬间与那个遥远的时代产生共鸣，更好地理解诗歌的深层含义。这种视觉的辅助，比单纯的文字描述更为直观，也更节省教学时间，使学生能迅速跨越知识的障碍，直接进入文本的核心。

××老师的《老王》课件无疑为我们提供了一个生动的范例，尤其是她在运用图片进行说明介绍方面的独到之处，更是值得深入剖析与借鉴。

××老师的课件设计，并未遵循传统的教学路径，即一开始就详尽介绍作者与时代背景，而是采取了更为策略性的布局——将这一环节巧妙地穿插在课文分析的核心部分。当课堂深入探讨作者杨绛对老王"一个幸运的人对一个不幸者的愧怍"这一深刻情感时，费老师适时地展示了几张珍贵的图片。这些图片中，钱钟书与杨绛夫妇的身影格外引人注目，他们衣着朴素，身形略显清瘦，却透露出不屈的精神力量。图片旁的简洁文字，则进一步揭露了这对文化巨匠在特殊历史时期所遭受的种种不公。

这样的图文结合，不仅极大地丰富了学生对作者及其所处时代的认知，更如同搭建起一座心灵的桥梁，引领学生跨越时空的界限，深刻理解"愧怍"一词背后所蕴含的复杂情感。它让学生意识到，杨绛的境遇远非她自谦的"幸运"，她对老王的愧怍，并非高高在上的怜悯，而是同为善良灵魂间的相互理解与共鸣，是人性光辉在逆境中的闪耀。

此外，多媒体图片在语文课堂中的作用远不止于此，它还能有效拓展学生的情感思维，使教学内容更加鲜活、立体。以南京市江宁区东山外国语学校××老师在《我用残损的手掌》一课中的实践为例，她巧妙地运用了多媒体图片，将诗歌中的情感世界具象化，极大地增强了教学的感染力。

××老师首先引导学生细读诗歌，从"这一角，那一角"与"那辽远的一角"的对比中，提炼出代表冷暖两种色调的词汇。随后，她通过四分钟的配乐图片展示，将诗歌中的意象转化为视觉与听觉的双重冲击。学生们在画面中目睹了抗日战争中沦陷区的惨状——砍头杀人的残酷、饥荒逃亡的绝望，这些场景无不印证了诗歌中"残损、冷、彻骨、寂寞、憔悴、阴暗"等词汇的深刻内涵。同时，画面一转，他们又看到了解放区生机勃勃的景象——共产党领导下的集体耕作、收获满满、建设大堤的壮丽图景，这些画面则与"新生、辽远、温暖、明亮、坚固、蓬勃、永恒"等词汇相得益彰。

更为巧妙的是，××老师还选用了《辛德勒的名单》中凄婉忧伤的小提琴曲作为背景音乐，音乐与画面的完美融合，使整个课堂仿佛变成了一场穿越时空的情感之旅。学生们在这样的氛围中，不仅能够更加形象化、直观化地理解诗歌所表达的情感，更能在心灵深处产生共鸣，激发他们对历史、对人性、对美好生活的深刻思考。

（三）多媒体声音在中学语文课堂教学中的作用

1.用多媒体声音作朗读示范

在教育的多元实践中，朗读示范作为一种有效的教学手段，被广泛应用于课堂，特别是在教授诗歌等文学作品时经常应用。例如，教师在教授《静夜思》等经典诗词时，会播放名家的朗诵，让学生在声音的韵律中感受诗歌的韵味和情感。这样的教学方式无疑能激发学生的兴趣，使课堂氛围更加生动。然而，不能忽视的是，教学的目标不应仅仅停留在表面的声音模仿上，而应深入对语言艺术的鉴赏和理解。

在教授《海燕》这堂课时，教师通过播放自制的名家朗诵视频，引导学生模仿朗诵，试图以此来鉴赏诗歌。这种方式在一定程度上确实能帮助学生捕捉到诗歌的节奏和情感变化。然而，有些教师对此质疑，他们认为，感情的传达并非单纯模仿所能达到的，而应基于对词句的深入理解。

这并不是说多媒体在教学中的应用是错误的，相反，名家的朗诵能为学生提供一个生动的参考，使他们更好地感知诗歌的韵律和情感。然而，教师的角色不应仅仅是播放者，而应是引导者和解析者。在播放朗诵后，教师需要进一步解析诗歌的语言艺术，帮助学生理解每一个词、每一个句子背后的深意，以此达到鉴赏诗歌的目的。

2.用多媒体声音作课堂背景音乐

多媒体技术为现代教育提供新机遇，如语文课堂背景音乐增强氛围。教师可选与文本情感相符的音乐，创设情境，帮助学生沉浸文本，提升专注力。此策略得当运用，可提高教学效果，使课堂更吸引人。

然而，背景音乐在语文教学中的地位并非不可替代，它更像是一种锦上添花的效果，而非不可或缺的教学环节。过度依赖或过度使用背景音乐，可能会使其从辅助教学工具变为干扰因素，甚至可能导致学生对课堂内容的注意力分散。南京市天景山中学的××老师在《多媒体运用与语文对话教学》一文中，就对这种现象提出了警示。他强调，过多的声音效果可能会引发学生的听觉疲劳，影响师生间的情感交流，反而削弱了语文课的本质。

××老师提倡"沉默是金"，主张在制作和使用多媒体课件时，应更加注重其对文本主题的反映，对教学内容和目标的支撑，而非追求形式上的华丽。在选择声音文件时，应确保音量适中，避免学生因音乐而分心。对于课件中的文字处理，也应以清晰易读为原则，充分考虑教师教学和学生学习的需要。

3.用多媒体声音作"音乐冥想"

音乐冥想，这一近年来逐渐兴起的教学概念，根植于广受关注的"友善用脑"教育理念之中。这一理念不仅在全国范围内多个地区获得了教师的鼎力支持，更以其独特的视角和教学方法，试图为传统教育带来一场革新。

音乐冥想作为一种放松身心、提升专注力的方法，在日常生活中确实有其独特价值。无论是通过旋律的引导，还是节奏的律动，音乐都能在一定程度上激发人的内在潜能，使思维变得更加敏捷和清晰。然而，将这一方法简单地移植到课堂教学之中，却可能带来一系列意想不到的问题。一方面，音乐冥想需要一个相对安静、私密的环境，以便学生能够全身心地投入其中。而在嘈杂的教室环境中，这一要求显然难以实现。学生们在桌子上跳跃、闭眼冥想的场景，虽然看似生动有趣，但实际上却可能因外界的干扰而分散注意力，无法达到预期的冥想效果。另一方面，课堂教学的核心在于知识的传授与

第六章　创新教育视野下中学语文教学法的技术创新与应用

理解。在这个过程中，教师的引导、学生的参与以及师生之间的互动都至关重要。如果过分强调音乐冥想等外在形式，而忽略了对教学内容的深入探讨和思维能力的培养，那么这种教学法就可能会沦为一种形式主义的噱头。

（四）多媒体视频在中学语文课堂教学中的使用

1. 视频创设教学情境

在多媒体教学中，视频广泛应用，作为连接知识与学生的桥梁，使复杂概念生动易懂。以《我用残损的手掌》为例，教师可播放南京大屠杀相关视频，提供历史背景，激发学生的爱国情怀。视频也能以多种形式呈现文本，如《雷雨》教学中，可播放话剧录像帮助学生感受人物情感和剧情起伏。

2. 视频呈现教学内容

视频的吸引力在于其直观性和生动性，它能够将抽象的概念具象化，将静态的文字转化为动态的画面，使学生在视觉和听觉的双重刺激下更好地理解和记忆知识。然而，尽管视频教学具有诸多优势，如高效的知识传递、丰富的表现形式等，但其并不能完全替代教师的作用。视频教学虽然能够提供丰富的信息，但无法实现与学生的实时互动，无法根据学生的反馈调整教学策略，更无法替代教师在课堂上对学生的引导和启发。课堂上的讨论、答疑等互动环节，对于激发学生的主动思考、培养批判性思维和问题解决能力具有不可替代的价值。因此，我们不能过分依赖视频教学，而应将其作为辅助教学工具，以增强师生交流为主导，保持教学的多元性和灵活性。

3. 视频促进学生思维理解

多媒体视频在现代教育中扮演着越来越重要的角色，它能够将抽象的文字信息转化为生动形象的视觉体验，从而帮助学生更好地理解和消化知识。然而，我们不能忽视一个事实，即视频和图片只能作为辅助工具，不能替代对语言文字的深度探究。以语文教学为例，观看《雨巷》视频虽能营造诗意氛围，但感性理解不等同于深入语言理解。学生或仅被视频美感吸引，未真正领会诗歌语言的精妙，如名词的意境构建和重复手法的音乐美。教师仍需传统讲解分析以引导深入理解。同时，多媒体视频制作需基于准确课文理解，避免误导学生。

以一堂公开课《海燕》为例，教师试图通过"旧时王谢堂前燕"引入海燕的主题，但由于对刘禹锡和高尔基作品主题的误解，将两者强行关联，会导致教学的混乱。刘禹锡的"燕"象征着世事变迁，而高尔基的"海燕"则象征着革命精神，两者在寓意上完全不同。而且，教师在视频中错误地将海燕与其他动物的图像混杂在一起，这些图像的出现反而干扰了学生对海燕英勇形象的理解。这表明，无论多媒体技术如何先进，如果失去了对课文内容的深入理解和精准把握，教学效果可能会大打折扣。

第二节　网络资源在语文教学中的整合

创新教育视野下创新"课程资源"的提出的主要目的是打破对课程和教学的固有局限性理解，鼓励人们全面地开发和利用周围的各种课程资源，以确保创新教育实施的顺利进行。长期以来，普遍存在的误解是教科书是唯一的课程资源，但这种看法是片面的。教科书的确在课程资源中占有重要地位，但课程资源的范畴远不止于此，它包含了与语文课程编制相关的所有资源，包括网络资源。创新教育强调教师和学生也是课程开发的重要参与者，因此，他们对课程资源的认识和利用具有决定性影响。为了实现创新教育视野下中学语文教学的高效实施，我们需要从更广阔的课程视角出发，充分利用各种教育资源。

一、语文网络课程资源的含义

在当前的教育环境中，"课程资源"这一概念已经被广泛接受并深入理解。广义上，课程资源涵盖了所有有助于实现教育目标的元素，这包括知

第六章　创新教育视野下中学语文教学法的技术创新与应用

识、技能、经验、教学方法等，它们共同构成了教育活动的基础。而狭义的课程资源则更侧重于直接影响课程形成的直接来源，如教材、教学设施、教师的专业知识等。这种理解强调了课程资源的多元性和综合性，它们不仅是课程设计的素材，也是实施教学的必要条件。[①]

课程，作为一种有目标导向的活动过程，其核心在于通过各种资源的整合，达到预期的教育效果。因此，课程资源可以被定义为实现课程目标所需的所有因素和条件的总和。以语文课程为例，要实现语文课程的目标，不仅需要丰富的语言知识、阅读写作技能，还需要适当的教学环境、教学设备，以及激发学生情感态度和价值观的手段等。[②]

从不同的角度对语文课程资源进行分类，有助于我们更深入地理解和利用这些资源。

按功能划分，语文课程资源可分为素材性资源和条件性资源。素材性资源直接参与课程内容的形成，如语言知识、阅读理解技巧、情感态度价值观等，它们是语文课程的"血肉"。而条件性资源如教师、教室设施、教学时间等，虽然不直接形成课程内容，但对课程的实施质量和效果起着决定性作用。

按存在空间，语文课程资源可分为校内资源、校外资源和网络资源。校内资源主要指学校提供的教学设施、教材等；校外资源包括家庭、社区、图书馆等社会资源；网络资源则利用互联网技术，为学生提供了丰富的学习材料和互动平台。

按资源的呈现形式，语文课程资源可分为显性资源和隐性资源。显性资源如教科书、教学视频等可以直接观察和利用的资源；而隐性资源如教学经验、教育理念、学生的情感状态等，虽然不易察觉，但对教学效果同样重要。

特别地，"语文网络课程资源"这一概念，是指存在于网络环境中的语

---

① 吴刚平.课程资源的开发与利用[J].全球教育展望，2001（8）：24.
② 语文课程标准研制组编写.普通高中语文课程标准（实验）解读[M].武汉：湖北教育出版社，2004：169-170.

文课程资源，包括在线教材、教育平台、网络社区等，它为语文教学提供了新的可能性和广阔的空间，同时也需要与"网络语文课程"这一概念进行明确区分，以避免概念混淆。[①]

二、语文网络课程资源内容

（一）网络中的阅读教学资源

根据《全日制义务教育语文课程标准（实验稿）》的规定，第四学段（7至9年级）的学生应完成不少于260万字的课外阅读量。[②]在《普通高中语文课程标准（实验）》中，对课外自读文学名著及其他读物的总量要求不低于150万字。[③]网络环境中，阅读资源丰富且无边界，为增强学生的阅读量、拓宽其知识视野提供了全新的可能。

1.网络阅读资源的优势

在当今信息爆炸的时代，网络阅读资源以其无与伦比的丰富性和多样性，正在逐步取代传统的纸质阅读，成为人们获取知识和信息的主要途径。

首先，网络阅读的载体如同一座永不闭馆的全球性图书馆，其内容之广度和深度，远超任何实体图书馆。无论是新闻报道，还是文学作品，无论是经济理论，还是历史研究，网络都能提供海量的信息资源。而且，这些信息通常以图文并茂、声像结合的方式呈现，使得阅读体验更为生动立体。例如，阅读一篇关于历史事件的文章，读者不仅可以阅读文字描述，还可以观看相关的视频片段，听到历史人物的声音，甚至通过虚拟现实技术亲身体验

---

① 杨华.网络文化的本质特征及其当下意义[J].东疆学刊，2004（1）：87.
② 中华人民共和国教育部制定.全日制义务教育语文课程标准（实验稿）[S].北京：北京师范大学出版社，2001：12.
③ 中华人民共和国教育部制定.普通高中语文课程标准（实验）[S].北京：人民教育出版社，2003：9.

历史场景，极大地丰富了阅读的维度。

其次，网络阅读的更新速度和信息量是纸质载体无法比拟的。据统计，每天有数以亿计的网页在互联网上诞生，涵盖各个领域的最新动态和研究成果。只需输入关键词，就能获取到无穷无尽的相关信息，这种即时性和前沿性使得网络阅读成为获取最新知识的首选方式。同时，网络阅读的交互性也是其独特魅力之一。读者可以在阅读过程中随时进行超文本或超媒体的链接阅读，深入探索感兴趣的话题，这种非线性的阅读方式更能激发思考和探索的欲望。

最后，网络阅读资源更能吸引年轻一代的注意力。网络读物通常采用更加灵活多变的写作结构，如超文本链接、多媒体嵌入等，这种网状结构的阅读方式更符合现代人跳跃性、多元化的思维方式。同时，网络内容与日常生活、社会热点紧密相连，更易引起学生的共鸣和兴趣。比如，学生在阅读一篇关于环保的文章时，可以即时链接到相关的公益组织，甚至参与线上的环保活动，这种深度参与和互动性无疑会提高他们的阅读热情。

2.网络语文阅读资源内容

网络文学作品与语文的联系愈发紧密，且形式多样，内容丰富。广义上的网络文学，不仅涵盖了传统文学作品在数字平台上的呈现，如电子书、网络小说等，更孕育出一种全新的文学形态，如网络小说、网络诗歌、网络剧本等，它们以其独特的互动性、即时性和跨地域性，极大地丰富了文学的表现形式和传播方式。据统计，截至2020年，中国网络文学用户已超过4.6亿，这充分展示了网络文学的广泛影响力和巨大潜力。

新闻信息资源是网络语文资源的重要组成部分。各大门户网站，如搜狐、新浪、网易等，宛如信息的海洋，实时更新全球各地、各行各业的最新动态。无论是国际时事、科技前沿，还是社会热点、文化娱乐，都能在这些平台上找到翔实的报道和深度的分析。

（二）网络中的写作教学资源

1.目前学生写作教学资源的短缺

在当今的教育环境中，学生在写作过程中面临的资源匮乏问题尤为显著，主要体现在两个主要方面：写作素材的匮乏和写作指导资源的不足。

首先，写作素材的匮乏是阻碍学生发挥创作潜力的一大难题。学生的社会活动参与度普遍较低，他们的生活经验往往局限于学校、食堂和宿舍（或家庭）这个相对封闭的环境中。这种生活状态限制了他们对世界的直接感知和理解，使得他们的思维模式和视角显得单一。古人云："读万卷书，行万里路。"生活经验的积累是创作的源泉，丰富的阅历能激发深沉的感悟。然而，对于大多数学生来说，他们缺乏"别离"的体验，自然难以与描绘"思念"情感的诗词产生共鸣。此外，尽管现代科技为获取信息提供了便利，但适合学生阅读的书籍和资料仍然有限，这在很大程度上限制了他们通过阅读来拓宽视野和积累间接经验的能力。

其次，写作指导资源的不足也是影响学生写作能力提升的重要因素。在传统的作文教学模式中，一位教师往往需要面对众多学生，难以提供个性化的指导。教师的精力主要集中在传授通用的写作技巧和规范，导致学生写出的文章在风格和内容上趋于雷同。随着学习的深入，学生们会遇到相似的写作困境，而缺乏针对性的指导使他们难以突破自我，提升写作水平。因此，教师在指导学生写作实践方面的能力亟待加强，以满足学生个性化学习的需求。

2.网络资源丰富了写作教学资源内容

在当今信息化社会，网络已经成为我们获取知识、表达思想的重要工具，尤其对于学生来说，网络为他们的写作学习开辟了全新的领域。

互联网如同一个无边无际的知识海洋，无论学生对哪个领域感兴趣，都能找到大量的信息和资料。这不仅能够丰富他们的知识库，拓宽视野，也能激发他们的学习热情和写作灵感。例如，对历史感兴趣的学生可以通过网络阅读到各种历史事件的详细记载，对科学感兴趣的学生则可以接触到最新的科研成果和科普知识。这样的资源获取方式，使得每个学生的写作都能展现出独特的个性和深度，避免了写作内容的单一和刻板。

（三）网络中的口语交际教学资源

网络中的口语交际内容资源犹如一座宝库，其丰富性与多样性为学生提

第六章　创新教育视野下中学语文教学法的技术创新与应用

供了广阔的学习与实践空间。这些资源不仅涵盖了口语交际的素材、范例，还融入了丰富的教学方式与知识资源，共同构成了一个全方位、多层次的学习体系。

1. 口语交际素材与话题资源的深度挖掘

在当今这个瞬息万变的时代，每一刻都在上演着新的故事。从国际风云到街头巷尾的小事，这些纷繁复杂的事件为口语交际教学提供了源源不断的素材与话题。而学生作为社会的一分子，对这些事件往往有着浓厚的兴趣与深刻的感受。因此，将这些事件作为口语交际的素材，不仅能够激发学生的学习兴趣，还能让他们在讨论中加深对社会的理解与认识。

2. 范例资源的多样性与实用性

除了丰富的素材与话题资源外，网络还为学生提供了大量的口语交际实践范例。这些范例形式多样、内容丰富，既有电视栏目的录制片段，如"实话实说""亮话"等，也有各类语文网站中的口语教学视频。这些范例真实可模仿，展现口语交际魅力。以"实话实说"为例，其独特视角和深入剖析受观众喜爱。学生可观看视频片段，学习把握话题、引导对话、运用肢体语言等技巧。同时，模仿主持人语言风格，形成个人特色。

3. 教学方式与知识资源的创新应用

网络技术的发展为口语交际教学带来机遇与挑战。虚拟环境提供真实情景模拟，新型教学工具和平台增加教学形式选择。教师可利用电话会议系统进行模拟会议训练，学生可上传视频作业供他人评论反思，教师还能利用视频播放软件控制播放和对比分析。[①] 此外，网络还为学生和教师提供了丰富的口语交际教学知识资源。学生可以通过网络平台了解口语交际的基本理论、原则和方法；教师则可以通过网络平台获取最新的教学理念和教学方法以提升自己的教学水平。这种双向互动的学习模式不仅促进了学生口语交际能力的提升还推动了口语交际教学事业的不断发展。

---

① 蒋丽清，薛辉.信息技术与语文课程的整合[M].上海：上海社会科学院出版社，2008：121.

(四)网络中的语文综合性学习资源

在当今教育体系中,"综合性学习"这一概念愈发受到重视,尤其在语文学科的教学中,它扮演着举足轻重的角色。综合性学习不仅强调语文知识的综合运用,还致力于促进学生听说读写能力的整体发展,同时加强语文课程与其他学科之间的沟通与融合,更将书本知识与实践活动紧密结合,为学生打造一个全方位、多维度的学习空间。[①]

在这一过程中,网络的崛起为语文综合性学习提供了前所未有的机遇。网络,这个由海量信息编织而成的庞大世界,不仅是一个信息的海洋,更是知识的宝库。通过数字技术,人类文明的结晶得以以文字、图片、音像等多种形式在网络中传播,极大地丰富了学生的学习资源。这些资源涵盖了广告、新闻通讯、产品说明、风景介绍、文物鉴赏等文字资源,风景图片、气象图片、动物图片、地质图片等图片资源,以及科学解密片、古城介绍片、灾害预防片、自然风光片等音像资源,为学生构建了一个五彩斑斓、生动形象的学习环境。

然而,值得注意的是,虽然网络中的语文综合性学习资源涉及广泛,但一旦进入语文课程,便需凸显课程资源特性,即言语性、互文性和人文性。

首先,言语性是语文课程资源的核心特性。作为培养学生言语能力的关键,语文课程资源必须紧密围绕语言这一核心展开。无论是作为言语载体的文字资源,还是成为言语实践材料的各类素材,它们都必须与言语紧密相连,成为提高学生言语能力的有力支撑。通过这些资源的学习,学生不仅能够丰富自己的语言储备,还能在实践中不断提升自己的听说读写能力。[②]

其次,互文性是语文课程资源的重要特征,揭示语言文本与非语言资源间的联系。教学中,相关文本资料如生平、背景、评论等,均为宝贵资源。现实场景、图片、音乐等非语言资源也与文本形成联系,构建完整学习体

---

① 中华人民共和国教育部制定.全日制义务教育语文课程标准(实验稿)[S].北京:北京师范大学出版社,2001:18.
② 范兆雄.课程资源论[M].北京:中国社会科学出版社,2002:139.

第六章 创新教育视野下中学语文教学法的技术创新与应用

系。互文性拓宽学生视野,促进跨领域学习思考。

最后,人文性是语文课程资源的灵魂所在。它要求语文课程资源必须为学生的思想、情感和文化素养服务。在综合性学习的过程中,学生不仅要掌握语文知识和技能,更要通过学习和实践来提升自己的文化素养和人文精神。这种人文性不仅体现在对传统文化的传承和弘扬上,更体现在对现代社会文化的理解和认同上。

三、语文网络课程资源开发与利用

课程资源的开发其本质是一场精心策划的探险之旅,旨在发掘、构建那些潜藏着教育价值的宝藏,它们或许散落在知识的海洋,或许隐匿于生活的点滴,只要能够与教育教学活动巧妙融合,便有可能成为滋养学生心灵的甘露。[1]而课程资源的利用,则是这一探险旅程的终极目的,它要求教育者以敏锐的洞察力,深入挖掘并最大化地释放这些资源的教育教学价值,使之在促进学生全面发展、提升教学质量上发挥不可估量的作用。

具体到语文网络课程资源的开发与利用,这一领域更是充满了无限可能与挑战。在互联网络这一浩瀚无垠的信息海洋中,每一个文字、每一张图片、每一段视频,都可能成为滋养学生语文素养的宝贵资源。从广义的视角来看,语文课程的实施,不仅仅是语言文字知识的传授与技能的训练,更是一场深刻的文化传承与身份认同的建构过程。在这个过程中,中华民族悠久的历史文化、丰富多彩的文学遗产,以及日新月异的时代精神,都是语文课程不可或缺的资源库。

然而,面对如此庞大的资源库,如何进行有效筛选、开发与利用,成为摆在我们面前的一道难题。我们需要建立一套科学严谨的筛选机制,确保进入语文课程的资源既符合教育教学的要求,又能激发学生的学习兴趣,促进

---

[1] 徐继存,段兆兵,陈琼.论课程资源及其开发与利用[J].学科教育,2002(2):1.

其全面发展。这要求我们不仅要关注资源的学术价值，还要注重其时代性、趣味性和可操作性。

在开发过程中，我们还需要充分发挥互联网技术的优势，创新资源开发的方式与手段。比如，可以利用大数据、云计算等先进技术，对海量网络资源进行精准分析，挖掘出与语文教学密切相关的优质资源；同时，还可以借助社交媒体、在线论坛等平台，鼓励学生积极参与资源的共建共享，形成师生互动、生生互动的良好氛围。

新时期，网络不再仅仅是教学的辅助工具，而是成为教学环境、学习资源和教学手段的重要组成部分。随着网络对社会影响的加深和教育信息化的推进，语文课程资源的开发与利用将更加深入网络的各个角落，开启语文教学的新篇章。

第三节　数字化教学手段的创新尝试

一、数字化教学资源对中学语文课堂的意义

当前，网络技术的整合与教育工作的结合在提升教育工作质量方面显示出显著效应。在具体的初中语文教学实践中，数字化资源的恰当运用主要体现在以下几个关键方面。

（一）促进教学模式数字化发展

随着科技的飞速发展，数字化资源呈现出日新月异的变化态势。从传统的文字教材到如今的多媒体课件、在线教育资源库、虚拟实验室等，这些资源以其独特的魅力和无限的可能性，为中学语文教学带来了前所未有的机遇

第六章　创新教育视野下中学语文教学法的技术创新与应用

与挑战。在此背景下，中学语文教学必须勇于创新，紧跟时代步伐，注重教学方式的及时性、全新性和高效性，才能牢牢抓住学生的注意力，激发他们的学习兴趣，从而提高学习效率。数字化资源的引入，无疑为中学语文教学改革注入了强劲的动力。一方面，它打破了传统教学的时空限制，使得学生能够随时随地获取学习资源，进行自主学习和探究。另一方面，数字化资源以其丰富多样的表现形式，如生动形象的图片、视频、音频等，极大地丰富了教学内容，使抽象的概念具体化、复杂的知识简单化，有效降低了学生的学习难度，提高了教学效果。

数字化资源还为中学语文教学提供了更广阔的平台。教师可以利用网络平台发布作业、组织在线测试、开展教学研讨等活动，实现了教学资源的共享和交流的便捷化。同时，学生也可以通过网络平台展示自己的学习成果、交流学习心得、寻求学习帮助等，从而形成了一个良好的学习生态圈。这种生态圈的建立，不仅有利于提高学生的综合素质和创新能力，还有助于培养他们的合作精神和团队意识。

（二）推动学生多元化发展

学生的发展是一个复杂而深远的过程，它不仅受到个体内在因素的影响，还与家庭环境、学习环境等外部因素密切相关。在这个过程中，教师、家长和学校扮演着至关重要的角色，他们共同构建了一个支持和促进学生全面发展的生态系统。随着科技的飞速发展，数字化资源的运用在教育领域中日益凸显其重要性，它为中学语文教学带来了全新的视角和可能性，也为推动我国教育事业的创新模式提供了强大的动力。

在中学语文教学中，数字化资源能丰富教学手段，提升教学效果。如教授《丑小鸭》，教师可用多媒体展示其蜕变过程，吸引学生兴趣，助其深入理解文本。同时，教师可借此故事引导学生认识自我价值，培养自信品质。此外，故事中的丑小鸭经历的挫折和嘲笑，也可以教育学生不应轻易嘲笑他人，而应以开放和谦逊的态度向他人学习，培养他们的同理心和尊重他人的精神。

二、提高数字化教学资源在中学语文课堂中应用程度的策略

（一）加强理论与实践的结合，扩展数字化教学资源

教师应将数字化教学与社会实践相结合，设计出更具实践性和探索性的教学活动。例如，组织学生进行实地考察，让学生在实践中学习和理解语文知识，这样既能增强学生对社会的感知力，使他们对教学内容有更深层次的理解，也能培养他们的社会实践能力和问题解决能力。这种教学模式的转变，从以教师为中心的传授式教学，转变为以学生为中心的探究式教学，有助于实现教育资源的公平共享，促进全体学生的全面发展。[①]

（二）加强教师培训，提升教师信息技术素养

在当今信息化社会，数字化教育资源的广泛应用为教育带来了革命性的变革。然而，这些资源的潜力能否得到充分挖掘，关键在于教师是否能够理解和掌握其精髓。只有当教师充分认识到数字化教育的优势，如提高教学效率，丰富教学手段，以及个性化教学的可能性，他们才会在课堂实践中积极地运用这些工具，从而对学生的学习效果产生积极影响。

因此，学校在推动数字化教育的过程中，必须重视对教师的培训工作。这不仅包括技术层面的指导，如如何操作教学软件，如何利用网络资源，更包括教育理念的更新，帮助教师理解数字化教育不仅仅是工具的使用，更是一种教育方式的创新。同时，学校还应吸引和留住具有创新意识和技术能力的高素质教师，以满足数字化教学资源发展的需求。[②]

[①] 郭瑞贞.浅谈数字化环境与语文教学的整合[J].都市家教：下半月，2012（1）：290.
[②] 黄龙宝.数字化教学资源下初中语文课堂情景教学的导入[J].新课程：中学，2016（9）：362.

第六章　创新教育视野下中学语文教学法的技术创新与应用

（三）利用数字化教学资源促进师生之间的互动

在传统的中学语文教学模式中，教材被视为知识的唯一源泉，而课堂则成为学生获取知识的唯一场所。这种教学方式往往使学生成为被动的接受者，他们需要在教师设定的情境中，依赖于特定的教学工具，才能有效地进行学习。同时，由于缺乏有效的交流平台，教师对学生的个体学习状况了解不足，难以实现个性化教学。①随着科技发展，数字化教学资源为中学语文教学带来新机遇。资源包括视频、图片、影像等，丰富内容，打破教材局限，具象化抽象知识，让学生在直观生活环境中学习。如教《藤野先生》，可用多媒体展示生平图片、纪录片片段，多角度、多层次了解人物。观看后，设计问题引导学生思考，如课文如何描绘形象、与影像异同、展现哪些品质。激发兴趣，提高能力，互动反馈助教师了解进度，适时指导。同时，拓宽知识视野，接触时代背景、文化交流等，深化理解，培养跨学科思考能力和全球视野，提高学习效率和质量。

（四）利用数字化教学资源培养学生团队合作精神

随着科技的发展，数字化教学资源在中学语文教学中的应用，为培养学生的团队合作精神提供了全新的平台和机遇。数字化教学资源以其独特的共享性和兼容性，打破了传统教学的局限，为学生提供了丰富的学习素材和交流空间。②在课堂上，教师可以整合各组的预习成果，以此为基础进行更深入的教学讨论。这样的教学方式不仅丰富了课堂教学内容，提高了教学的趣味性和互动性，而且在无形中培养了学生的团队合作精神，使他们学会了如何在团队中有效地沟通、协作和解决问题。

---

① 明跃双.解析初中语文教学中微课的应用[J].情感读本，2017（23）：71.
② 戴芸帆.数字化环境中初中语文单元主题化阅读教学探讨[J].新课程·中学，2016（4）：285.

（五）利用数字化教学资源优化中学语文教学模式

数字化教学资源不仅在数量上更为丰富，涵盖了文字、图片、音频、视频等多种形式，而且在实用性上也更胜一筹，能够满足不同学生的学习需求和兴趣。这些资源的引入，无疑为中学语文教学注入了新的活力，使得教学方式更加灵活多样，教学效果更加显著。在实际教学中，教师可以充分利用数字化教学资源来优化教学过程。以《我的叔叔于勒》这篇课文为例，教师可以将故事情节、人物分析等内容制作成生动的视频，通过微课的形式，创建翻转课堂，激发学生的学习兴趣。学生在课前观看视频，结合课本内容进行预习，这样既节省了课堂时间，又能让学生在自我探索中掌握小说的基本结构和写作技巧，如小说的三要素——人物、环境、情节，以及情节的起承转合等。同时，数字化教学资源还提供了互动交流的平台。如果学生在预习过程中遇到困惑，如不理解为何全家对于勒的称呼不同，或者对哥嫂对待于勒的态度变化感到困惑，他们可以通过网络交流平台及时向教师提问，或者与同学进行讨论，这种即时的反馈和交流有助于深化学生对知识的理解。[①]

教师也可以根据学生的预习情况，收集常见的问题，在课堂上进行有针对性的讲解，这样既提高了课堂效率，又确保了每个学生都能掌握关键知识点。课后，学生还可以通过回放视频进行复习，帮助他们巩固记忆，形成良好的学习习惯，从而提高学习效率，提升语文综合能力。

---

① 陈霞.数字化教学资源指导下初中语文课堂情境教学引入[J].读与写，2017，14（1）：119-121.

第七章　创新教育视野下中学语文教学法改革的成效评估

在创新教育视野下，中学语文教学法改革的成效评估显得尤为复杂，且需要细致入微的处理。创新教育视野下中学语文教学法改革的评估是一个系统工程，需要从多个角度进行综合考量。只有这样，才能确保教学改革真正落到实处，有效提升学生的语文素养，培养出适应未来社会发展的高素质人才。本章就具体分析和探究创新教育视野下中学语文教学法改革的成效评估。

第一节　中学语文教学法评估的含义与理念

一、中学语文课堂教学评估与教学法评估

"评估"即"评定价值"。它源于英语中对价值的引发和阐发过程，本质上是对世界价值的判断活动。评估是人类基于价值信念和目标的主观认识，结果受其影响。在教育领域，教育评估、教学评估、教师评估等是对教育中的个体、事物或现象的价值判断。评估不仅仅是一种简单的判断，它还涉及对被评估对象的全面分析和理解。评估的过程需要综合考虑各种因素，包括被评估对象的特性、环境条件、相关背景等，以确保评估结果的客观性和准确性。评估的目的在于为决策提供依据，帮助人们在复杂多变的环境中做出明智的选择。无论是教育评估、教学评估还是教师评估，都是为了提升教育质量，促进教育公平，推动教育事业的发展。通过评估，我们可以了解教育过程中的优势和不足，从而有针对性地进行改进和优化。评估不仅关注结果，更注重过程，通过对过程的评估，我们可以发现潜在的问题和改进的机会，从而实现持续改进和提升。

中学语文教学法评估是指对中学阶段语文教学过程中所采用的各种教学方法和手段进行系统性、科学性的评估和分析。这种评估的主要目的是深入了解和掌握教学方法的有效性、适用性以及对学生学习效果的影响，从而为教师改进教学策略、优化教学过程提供有力的依据。具体来说，中学语文教学法评估涵盖了对教学内容的安排、教学方法的选择、教学手段的应用以及教学效果的测量等多个方面的综合考量和细致分析。通过对这些方面的评估，可以有效地发现教学过程中存在的问题和不足之处，进而提出具有针对性的改进建议和措施。这样的评估工作不仅有助于教师及时调整和改进教学方法，还能促进教学过程的优化，最终达到提高教学质量、促进学生全面发展的重要目标。通过这种科学的评估机制，教师可以更好地了解学生的学习需求和反馈，从而制订更加符合学生实际的教学计划，使教学活动更加贴近

第七章　创新教育视野下中学语文教学法改革的成效评估

学生的实际需求，进一步提升学生的学习兴趣和学习效果。

中学语文教学法评估的特点主要体现在以下几个方面。

（1）评估内容的综合性。中学语文教学不仅仅是对语言文字的掌握，还包括文学素养、思维能力、审美情感等多方面的培养。因此，评估内容需要涵盖这些方面，全面考查学生的语文素养。

（2）评估方式的多样性。传统的笔试已经不能满足现代语文教学的需求。中学语文教学法评估应采用多种方式，如口头表达、写作、阅读理解、文学创作等，以全面考查学生的语文能力。此外，还可以通过小组讨论、角色扮演、戏剧表演等形式，激发学生的兴趣，提高评估的实效性。

（3）评估过程的动态性。语文教学是一个动态的过程，学生的学习情况也在不断变化。因此，评估不应仅限于期末考试，而应贯穿整个教学过程。教师可以通过课堂观察、作业检查、随堂测验等方式，及时了解学生的学习情况，调整教学策略，帮助学生不断进步。

（4）评估结果的反馈性。评估的最终目的是帮助学生改进学习方法，提高学习效果。因此，评估结果应具有明确的反馈性，让学生了解自己的优点和不足，明确今后的努力方向。教师应根据评估结果，给予学生具体的指导和建议，帮助他们制订合理的学习计划。

总之，中学语文教学法评估应注重内容的综合性、方式的多样性、过程的动态性和结果的反馈性，以全面、科学地评价学生的语文素养，促进学生语文能力的全面发展。

二、中学语文教学法评估的理念

中学语文教学法评估的理念，旨在通过科学、合理的评价体系，全面了解和提升学生的语文素养。评估不仅仅是对学生知识掌握程度的检测，更是对其语文能力、思维品质和文化素养的综合考察。因此，评估理念应注重以下几个方面。

（一）评估应注重过程与结果的结合

在传统的语文教学评估中，教师多关注考试成绩，忽略学习努力和进步。新理念主张观察学习过程，实施形成性评价。教师全面了解学生情况，发现问题并提供指导。此方法重视成长和进步，促进学生素养提升。形成性评价强调过程，培养自主学习和解决问题能力。教师观察课堂表现、作业和讨论，调整教学策略以满足学生需求。

（二）评估应注重多元化评价方式

在评估学生时，应重视多样化评价方式，超越传统笔试和口试。引入读书报告、课堂讨论、小组合作项目和语文实践活动等，全面评估学生语文能力。这些方式准确反映学习成果，激发学习兴趣，培养创新思维和实践能力。撰写读书报告培养分析和批判性思维，课堂讨论锻炼口语表达和逻辑思维，小组合作项目培养团队协作和领导能力，实践活动提升实际操作和解决问题能力。这些评价方式促进学生均衡发展，提高综合素质。

（三）评估应注重个性化发展

学生评估应重视个性化发展，因学生兴趣、才能和学习方式各异。评估应尊重个性，确保公正有效。针对多样学习路径和评价标准，教师须设计有针对性的个性化教学方案和评价方法。个性化评估帮助教师了解学生特点，因材施教。如语言表达强的学生，教师可提供写作演讲机会；逻辑思维好的学生，教师可设计数学科学问题。学生找到适合方向，发挥潜力，增强自信和学习动力。

（四）评估应注重师生互动与合作

在教育评估中，重视师生互动与合作。教师应鼓励学生参与评估，培养其自主学习和批判性思维。同时，教师应倾听学生反馈，优化教学策略，实现教学相长。通过课堂讨论、小组合作等形式展示学生能力，设计开放性问题激发思考。注重过程性评价，建立开放包容的评估环境。中学语文教学评估应以学生为中心，结合过程与结果，采用多元化评价方式，促进个性化发展，实现师生共同进步。通过科学评估体系，激发学生兴趣，培养语文素养，奠定坚实基础。

第二节 中学语文教学法评估的策略与设计

一、中学语文教学法评估的策略

在中学语文教学中，评估教学方法的有效性是至关重要的。为了确保教学方法能够真正提高学生的语文素养，教师需要采取一系列科学、系统的评估策略。

（一）学生反馈收集

1.定期进行问卷调查

问卷调查作为一种量化研究方法，能够快速、广泛地收集到大量学生的意见和看法，帮助教师和管理者全面了解学生对当前语文教学法的满意度及改进建议。具体来说，可以从如下几方面着眼。

问卷设计：问卷应包含开放性和封闭性问题，以平衡定量与定性数据的收集。问题应聚焦于教学方法的吸引力、清晰度、实用性、互动性等方面，同时鼓励学生提出具体建议。

发放与回收：利用课堂时间、课后作业或学校网络平台发放问卷，确保每位学生都能参与。设定合理的回收期限，并鼓励学生认真填写，保证数据的真实性和完整性。

数据分析：使用统计软件对回收的问卷进行数据分析，识别出学生对教学方法的普遍看法和具体建议。特别关注那些负面反馈，作为改进的重点。

反馈与应用：将分析结果以报告形式呈现给语文教师和相关管理人员，组织讨论会共同探讨改进措施。根据反馈结果调整教学方法，如增加互动环节、采用更直观的教学工具等，以提高教学效果。

2.通过小组讨论或个别访谈

目的：小组讨论和个别访谈能挖掘学生内心感受，为教学优化提供细腻视角。

确定对象：选择代表性学生，确保样本多样性和代表性。

设计引导问题：准备小组讨论引导问题，灵活调整个别访谈问题。

组织与实施：为小组讨论提供足够的时间和空间，个别访谈选择舒适环境。

记录与整理：记录讨论或访谈过程，整理分析记录，提炼关键信息。

反馈与应用：结合问卷调查数据，调整教学策略，提升教学质量。

总结：结合问卷调查和访谈，全面了解学生的反馈信息，改进教学，提升教学质量。

（二）跨学科评估

跨学科评估在语文教学法评价中占据着重要地位，它不仅有助于全面了解学生在不同学科中的表现，还能深入评估语文教学法对学生综合素质的深远影响。

1.与其他学科教师合作，评估综合素质影响

语文教师应积极与其他学科教师建立紧密的合作关系，定期交流学生的学习情况，共同探讨教学方法的协同效应。通过学科间的教学研讨会、教学观摩等方式，加强教师之间的沟通与理解，形成教育合力。

语文教师须主动了解学生在数学、英语、历史、科学等学科中的学习情况，特别是关注学生在这些学科中运用语文知识和技能的能力。通过与其他学科教师的沟通，收集学生在阅读、写作、表达等方面的具体表现，分析语文教学在这些方面的贡献度。

第七章　创新教育视野下中学语文教学法改革的成效评估

跨学科评估应关注学生在语言组织能力、逻辑思维能力、批判性思维能力等方面的提升情况，这些能力往往与语文教学密切相关。通过对比学生在不同学科中的表现，评估语文教学法对学生综合素质的全面提升作用。

2.通过跨学科项目，检验实际应用能力

语文教师须设计跨学科语文教学项目，如结合历史或科学学科。项目应注重学生参与度，确保学生运用语文知识和技能。实施中，教师须与其他学科教师紧密合作，通过多种方式激发学生兴趣，提高应用能力。完成后，组织成果展示和交流，评价项目成果以检验教学效果，并收集学生反馈以优化教学。跨学科评估对语文教学法评价重要，能全面了解学生表现和实际应用能力，支持教学法改进。

（三）长期跟踪研究

语文教学方法评价中的长期跟踪研究是一种深入了解教学方法对学生语文素养持续影响的重要手段。

1.对学生进行长期跟踪

（1）确定跟踪对象与周期

选择具有代表性的学生样本，确保样本的多样性和广泛性，以反映不同学习背景和能力水平的学生情况。

确定跟踪周期，通常应覆盖学生的学习生涯，从入学初期至毕业其至更长时间，以便全面观察教学方法的长期效果。

（2）收集跟踪数据

定期检查学生的学习成绩、作业完成情况、课堂表现等量化数据，以了解学生在语文学习上的进步情况。通过访谈、问卷调查等方式收集学生的主观感受和学习体验，了解他们对教学方法的接受程度和满意度。观察学生在语文学习中的兴趣、态度、习惯等变化，评估教学方法对学生学习动力的影响。

（3）评估教学方法的持续影响

分析跟踪数据，评估教学方法在提升学生语文素养方面的持续效果。关注学生在不同学习阶段的表现，判断教学方法是否有助于学生形成持续的学习动力和良好的学习习惯。识别教学方法中的优点和不足，为后续的教学改进提供依据。

2. 分析毕业生的语文能力

（1）收集毕业生信息

与学校毕业生保持联系，定期收集他们的学习成果和职业发展信息。了解毕业生在高等教育阶段或职场中运用语文知识和技能的情况，评估教学方法在学生未来学习和生活中的实际效果。

（2）分析毕业生语文能力

评估毕业生的阅读理解能力、写作能力、口头表达能力等语文能力，判断这些能力是否能够满足他们未来学习和工作的需求。分析毕业生在语文学习方面的优势和不足，探讨教学方法对其语文能力形成的影响。

（3）反馈与改进

将毕业生分析结果反馈给语文教学方法研究团队和一线教师，为教学方法的改进和优化提供实践依据。根据毕业生反馈和教学反思，不断调整和完善教学方法，以适应不同学生的学习需求和发展目标。

通过长期跟踪研究和毕业生分析，我们可以更加深入地了解教学方法对学生语文素养的持续影响，为提升语文教学质量和促进学生全面发展提供有力支持。

二、中学语文教学法评估的设计

在现代教育评价体系中，只有在评价过程中综合运用多种评价方式，合理平衡各种评价法的比重，才能获得更为科学、合理和全面的评价数据，从而为教学法改进和教师发展提供有力的支持和指导。

（一）纸质评教与网上评教相结合

传统教学评价中，纸质表格起关键作用，能简洁明了反映教师表现，便于携带和保存。但其存在局限性：统计烦琐耗时，浪费纸张，违背"无纸化办公"理念;且复杂数据统计适合少数人评价,不适用于多元化主体如学生和家长。当前,课堂教学法评价主体多元化,纸质评价表格已难以满足快速高效评价需求,也不利于群体间信息交流与合作。

为解决问题,网上评教兴起。学校明确评价标准与方式,发布内容至网上,评价者登录系统自由评教,方便快捷且节约资源。目前,学校多用计算机网络进行评价与统计,但保存结果仍用纸质表格。对于量化评价且人数多的课堂,常用网上评教;质化评价且人数少的,则用纸质表格。这是纸质与网上评教结合运用的范例,值得借鉴。

(二)集体评教与面谈评教相结合

集体评教和面谈评教这两种方式在教育领域中被广泛应用于对各类公开课进行评价,尤其是在校领导和同行教师对教师的课堂教学进行评估时。这两种评价方式主要以质性评价为主,即注重对课堂教学过程和效果的深入分析和理解,而不仅仅是简单的量化评分。

集体评教为多对一形式,多位评价者评价一位教师,可获取全面多角度信息,但过度使用会给教师带来心理压力,影响教学效果。面谈评教为一对一形式,评价主体和被评教师面对面交流,可规避心理压力,教师更易接受意见,及时反思改进教学方法。

(三)质评与量评相结合

根据最新的调查统计数据显示,目前在语文课堂教学法评价中,将质性评价与量性评价有机结合的评价方式仅占13.3%,这表明这种综合性的评价方法仍然处于次要地位,尚未得到广泛的应用和认可。

由于语文课堂教学具有其独特的性质和特点,传统的评价方法往往更倾向于使用质性评价。通过质性评价所得到的评价结果往往具有一定的模糊性,因为这种评价更多地依赖评价者的主观判断和感受。这就导致了一个问题,即对于同一教师所上的同一节课,不同的评价者可能会得出截然不同的结论。这种主观性使得评价结果的科学性和客观性受到质疑,从而难以使语文课堂教学法评价向着更加科学化的方向发展。

随着科技进步，定量描述已广泛渗透至社会科学各领域。语文课堂教学研究亦属此范畴，定量描述较定性描述能更精准反映实际。量化分析能得出科学准确结论，但难度在于确定量化对象、标准和形式，影响结果客观真实性。故须作好前期准备，明确目标、制定标准、选择合适形式。还须用高效数据处理软件快速统计处理数据。

鉴于质性评价与量性评价各自具有的优缺点，我们建议在语文课堂教学法评价中采用质性评价与量性评价相结合的方法。通过适当增加量化评价的比重，可以更好地弥补质性评价的主观性和模糊性，同时也能充分发挥量化评价的客观性和精确性。这样我们就能构建一个更加科学、全面和有效的语文课堂教学法评价体系，从而更好地指导和改进语文课堂教学实践。

第三节 中学语文教学法的应用成效评估

一、学生学习成效评估

（一）学生学习成效评估的分析方式

1.学业成绩分析

学生的学业成绩分析主要通过对比采用前后的平均成绩、通过率和不及格率进行。这种分析能直观展示创新教学方法对学生学术表现的积极影响，为教学方法改进提供数据支持。

2.学生问卷调查

为了解学生对创新教学方法的反馈，进行了问卷调查。问卷包括课程满意度、教学方法吸引力、学习动力和课程内容实用性等方面。通过收集和分

第七章　创新教育视野下中学语文教学法改革的成效评估

析反馈，评估教学方法的有效性，并据此调整和改进，以提升教学效果。

3.学生作品评估

对学生在创新教学下的作品进行全面评估，涵盖实践性任务、创意写作等。评估标准重视内容深度与广度，同时强调批判性思维、创造性元素及表达能力。评估帮助我们深入了解学生表现，为教学方法优化提供依据。

（二）学生学习成效评估的具体表现

1.学业成绩的提升

学业成绩分析显示，创新教学方法班级成绩显著提升。对比传统与创新教学，创新组各科均分更高。同时，通过率提升，不及格率下降。数据表明，创新教学显著提升学生学术成绩。

2.学生参与度的增加

学生问卷调查显示，对创新教学方法满意度高。创新课程更具吸引力和互动性，提升学生投入度。教师观察学生参与度增加，课堂讨论和合作活动积极，提问频繁，氛围活跃。此参与提高学习兴趣，促进知识理解和掌握。

3.学生创意表现的提升

评估学生作品发现，创新教学方法提升了学生的创意表现。在实践和创意写作中，学生展现了更多创造性思维和表达技巧，能灵活运用知识提出新颖观点。这证明创新教学能提高学生成绩，培养创造力和表达能力。学生因此能更好发挥潜力，为未来奠定坚实基础。

二、教师教学能力提升评估

（一）教学设计能力的评价标准

1.教学设计能力的内容要点

在教师的教学能力中，教学设计能力至关重要，影响教学准备和方案设计的质量。尤其在语文教学中，其重要性更加突出。它要求教师对教学目标、任务、学生特点、教学方法和策略以及教学情境有深入分析和判断。

首先，教师需要掌握语文课程标准，明确总体目标和具体学段目标，并将其落实到教学各环节。

其次，教师须具备处理教材的能力，了解教材编写意图、结构和内容，合理选择教材内容，并开发相关教学资源。

再次，教师应了解学生语文学习准备性和个性特点，遵循"以学定教，顺学而导"的理念，尊重学生，了解其思维方式和认知规律。

最后，教师须具备设计教学过程、媒体和策略的能力，基于教学目标和学情分析，选择适合的教学策略，并设计教学过程。

2.教学设计能力的层级标准

在教学设计能力的层级标准上，我们将其分为三个层次。

合格：教师掌握课标要求，了解学生准备与特点，了解教材特点。能依据课标、学生准备和教材特点解读教材，确定教学目标，设计教学过程。

良好：教师较好掌握课标要求，较了解学生准备与特点，较了解教材特点。能依据课标、学生准备和教材特点解读教材，确定教学目标，设计教学过程。

优秀：教师全面掌握课标要求，全面了解学生准备与特点，全面了解教材特点。能依据课标、学生准备和教材特点解读教材，确定教学目标，设计教学过程。

（二）教学实施能力的评价标准

1.教学实施能力的内容要点

教学实施能力是教师达成教学目标，灵活运用教学策略和方法，组织和执行教学活动的能力，是教师专业素养的重要部分。在中学语文课堂上，教学实施能力尤为重要，因为语文课堂是知识传授、语言运用和思维训练的平台。教师须通过与学生和文本的互动对话，推动教学进程。在对话中，教师应具备良好倾听能力，准确判断学生发音，耐心听完学生表达，及时给予反馈和引导。同时，教师应捕捉有价值话题，提出启发性问题，激发学生思考，引导深入探索。

教师表达能力在对话中至关重要。须用规范、形象、直观且幽默的口语，及声音传达情感。运用不同音调、语速和语气表达情感。学生犯错时，教师应控制情绪，避免发火、责备或讽刺，以免影响教学。教师应"能说会道"，非空洞"夸夸其谈"。还须非语言表达，如肢体语言和媒体选择。能重组教材，适应不同学生需求，并管理课堂秩序。

2.教学实施能力的层级标准

合格：教师用标准普通话教学，内容设计精心，指导全面。沟通平等，尊重学生。善用多媒体，板书整洁。

良好：教师普通话生动，激发兴趣。内容精细，问题有深度。关注学情，及时订正。灵活调整，以学生为中心。多媒体使用恰当，板书整洁。

优秀：教师普通话感染力强，吸引注意。问题探究空间大，全面指导。全面关注学生，灵活调整。以学生为中心，多媒体使用恰当，板书整洁。

（三）课后反思能力的评价标准

1.课后反思能力的内容要点

语文教师在课后须深入反思教学能力。反思内容涵盖教学目标是否恰当、教学策略是否合理。具体反思问题包括：是否达成教学目标？能否用教育理论指导实践？如何评价学生掌握情况？是否调整教学计划？是否有更有效的教学方法？反思后，教师可判断教学是否成功，或须重新规划。教学评价是提升教学实践合理性和教学质量的重要途径。

2.课后反思能力的层级标准

课后反思能力分为合格、良好和优秀三个层次。合格者能评价课堂现象，初步分析反思。良好者结合理论和经验，全面深入分析。优秀者看透现象本质，评价全面有洞察力，不断提升教学水平。

（四）教学评价能力的评价标准

1.教学评价能力的内容要点

教学评价能力指教师评估教学活动的能力，包括对教师课堂教学和学生学习效果的评价。

对教师课堂教学的评价能力，涉及教学理念、目标、内容、环节、方法、学生状态、教师素质、教学效果、达成目标和教学特色等方面。教师须准确评价教学活动及其效果，以促进教学质量提升。

对学生学习效果的评价能力，要求教师科学、合理、公正地评价学生的语文能力、兴趣、态度、习惯及实践情况。教师应关注学生潜能，了解学生发展需求，帮助学生认识自我，建立自信，实现全面发展。

2.教学评价能力的层级标准

合格教师应能基本评价教学过程和学生学习效果，识别进步和问题，给出反馈和建议。他们通过观察、测试和互动等方式初步评估学习成果，为教学改进提供依据。

良好教师则能进行更科学、合理和公正的评价，运用多种评价工具和方法全面分析学习过程，调整教学策略以满足学生需求，确保评价公正透明。

优秀教师则进一步关注学生综合素质，将评价与学生发展结合，注重非智力因素。他们通过多元化评价方式激发学生内在动机，培养自主学习能力，发现潜能和兴趣，提供个性化指导和支持，助力学生未来成功。

第八章 创新教育视野下中学语文教师的角色转变与专业发展

在创新教育视野下,中学语文教师的角色正经历着从传统的知识传授者向多元化教育者的转变。他们不再仅仅是教材的解读者,而是学生学习的引导者、课程的开发者、教学的创新者以及学生情感的关怀者。这种转变对教师的专业发展提出了新的要求和挑战。中学语文教师的专业发展应聚焦于提升教育教学能力,增强课程开发和创新意识,提高教育技术应用水平,以及培养良好的情感教育能力。同时,学校和社会也应提供相应的专业发展机会和环境,支持教师转变角色。

第一节　中学语文教师的角色与定位

中学语文教师是知识的传播者，更是文化的传承者。他们不仅教授学生字词句篇的运用，更引导学生领略中华五千年文化的博大精深，培养他们的人文素养和情感智慧。教师的角色与定位，既复杂又重要，既体现在课堂教学中，又渗透在学生的日常生活中。

一、中学语文教师的角色

（一）创新教育对中学语文老师的客观要求

1. 深化教育观念的转变

在当前的教育改革中，转变教育观念显得尤为重要。这不仅涉及如何正确理解学生的主体地位，即尊重学生的个性发展，激发他们的学习积极性，更涉及教师如何在教学过程中发挥主导作用，以及如何在教育实践中发挥自身的创新性。教育观念的更新，如同一把钥匙，可以打开解决教育问题的诸多锁链，使教育过程更加自然流畅，更符合学生的成长需求。[①]

2. 完善多元化的知识结构

作为基础性学科的语文，其知识覆盖面广泛，涵盖了历史、文化、哲学等多个领域，同时，它还承载着传承中华文明的重要使命。因此，中学语文教师需要不断拓宽知识视野，提升自身的知识素养，构建一个既深且广的知识结构。特别应加强对中国传统文化，即国学的深入理解和研究，这对于提高语文教学的深度和广度至关重要。

[①] 叶澜等.教师角色与教师发展新探[M].北京：教育科学出版社，2001：82-94.

第八章 创新教育视野下中学语文教师的角色转变与专业发展

3.创新教学方法与技术

随着科技的发展,倡导教师应充分利用现代教育技术,创新教学方式,以适应信息化社会的教学需求。这要求教师灵活运用多媒体、网络资源,探索网络环境下的新型教学模式,如翻转课堂、混合式学习等,以激发学生的学习兴趣,提高教学效果。

4.更新教学心理观念

在现代教育理念中,教学过程不再是单向的知识传递,而是强调学生的主体性,注重培养他们的自主学习能力。教师的角色转变为引导者和协调者,需要创设互动的教学环境,鼓励学生主动参与,通过师生的共同探索和交流,实现教学相长。教师应建立与学生平等、尊重的关系,以促进学生的全面发展。[1]

5.提升语文素养与人格魅力

作为中学语文教师,除了精通专业知识,还应具备跨学科的知识背景,如历史、地理、政治等,以增强教学的关联性和生动性。同时,关注时事,紧跟时代步伐,能对所见所闻进行深入思考,形成独特的见解,这将有助于提升教师的教学魅力,吸引学生积极参与课堂讨论,培养他们的批判性思维能力。此外,丰富的业余爱好和高尚的人格魅力,也能在潜移默化中影响学生,塑造他们的人格特质。

(二)创新教育视野下中学语文教师的角色扮演

在教育的广阔舞台上,课堂教学无疑是核心阵地,其重要性不言而喻。正如古语所云:"师者,所以传道授业解惑也。"在45分钟的课堂宝贵时光里,中学语文教师不仅是知识的传递者,更是整个教学过程的精心策划者与高效组织者。[2]

---

[1] 吴伦敦.教师专业发展导论[M].武汉:华中师范大学出版社,2006:100.
[2] 庞丽娟.教师与儿童发展[M].北京:北京师范大学出版社,2001:40-41.

1.课堂教学的组织者

课堂教学，作为教育活动的核心环节，其效果直接关乎学生的学习成效与成长发展。中学语文教师在这一过程中，扮演着至关重要的组织者角色。从课题的精心挑选，到课时的合理分配，再到教学进程的细致设计，每一步都凝聚着教师的智慧与心血。他们须深入剖析教材，准确把握教学重难点，通过多样化的教学手段，如情境创设、问题引导等，激发学生的学习兴趣与探索欲望。同时，教师还须密切关注课堂氛围的微妙变化，适时调整教学节奏，确保教学活动张弛有度，既紧张又活泼，让学生在轻松愉快的氛围中掌握知识，提升能力。

2.教学活动的引导者

随着教育理念的更新，语文课程已不再是单纯的知识传授，而是更加注重学生主体性的发挥与综合素质的培养。中学语文教师不再是高高在上的权威者，而是与学生平等对话的伙伴与引导者。他们通过创设开放、包容的教学环境，鼓励学生积极参与语文教育教学活动，勇于表达自己的观点与见解。在师生平等的交流对话中，教师因势利导，循循善诱，引导学生深入思考，拓宽视野，培养其批判性思维与创新能力。这种教学模式不仅促进了学生语文素养的提升，更为其终身发展奠定了坚实的基础。

3.脆弱心灵的抚慰者

在学生的成长过程中，难免会遇到各种挫折与困惑。作为中学语文教师，他们不仅是知识的传播者，更是学生心灵的抚慰者。在听、说、读、写的训练中，教师鼓励学生敞开心扉、抒发真情，用自己的笔触记录生活的点滴与内心的感受。他们耐心倾听学生的心声，与学生建立深厚的情感联系，成为学生最可信赖的朋友与倾诉对象。当学生遇到困难与挫折时，教师总是第一时间伸出援手，给予学生温暖与力量；当学生取得进步与成就时，教师更是毫不吝啬地给予表扬与肯定。这种无微不至的关怀与抚慰，让学生感受到了来自教师的关爱与尊重，也让他们更加坚定了前行的步伐与信念。

第八章　创新教育视野下中学语文教师的角色转变与专业发展

二、中学语文教师的定位

在新一轮课程改革中,从课程标准的精心策划到教材的严谨编审与制定,均涌现出一系列富有创新性的课程开发理念。然而,历经数年的实践验证,这些新颖理念正面临多元性与确定性、操作性与理想性等多重矛盾交织的挑战,进而导致了实际教育实践与课程改革初衷之间存在一定的偏差。深入剖析其根源,问题核心在于教师队伍整体尚存不足,教师队伍的整体素质亟待全面提升。为有效扭转这一局面,新一轮课程标准对教师群体提出了更为明确且具体的要求,涵盖思想品德、专业知识储备以及教学方式的革新等多个维度。这些要求不仅为新时代的教学工作树立了鲜明的导向标,更有力推动了应试教育向素质教育的深刻转变,确保这一转变不再停留于理论层面,而是成为教育领域实实在在的行动指南。[①]

(一)思想定位

在教育的广阔领域中,中学语文教师的角色尤为重要,他们不仅扮演着知识的传播者,更是学生心灵的塑造者和思想的启迪者。他们应当是"思想者",这是对教师职业的深度诠释,也是对教师精神的崇高期待。教师并非简单的教书匠,他们的价值在于是否拥有独立、自由的思想,是否具备独特的教育理念和追求。

教书匠的观念往往局限于生存的层面,他们教书只是为了"混饭吃",缺乏对教育的热爱和对知识的敬畏。他们无须有自己的思想与追求,只须按照既定的模式机械地传授知识。然而,真正的教育需要教师的独立思考和批判性思维,需要教师对世界有独特的见解,对教育有深刻的理解,对学生产生深远的影响。

---

① 高殿杰.新课改下中学语文教师的角色定位[J].课外语文,2013(22):22.

南京师范大学附属中学的王栋生老师曾经说过："不要跪着教书。"[①]这里的"跪着"与"站着"，实际上是对教师思想独立性的生动描绘。教师是否"站着"，关键在于他们是否敢于挑战权威，是否敢于独立思考，是否敢于表达自己的观点。这样的教师，才能激发学生的好奇心，引导他们独立思考，培养他们的批判性思维。

语文教育，作为人文素养的重要载体，其独特性在于其个性化的特性。每一篇文章都是作者独特精神世界和创造力的体现，是独一无二的。因此，中学语文教师在教授课文时，应当将自己的理解和感悟融入其中，形成自己独特的教学风格，以此激发学生对语文的热爱，对知识的探索，对个性的尊重。

素质教育的目标是培养有独立思考能力，有创新精神，有个性特色的人才。因此，中学语文教师需要发展自己的个性空间，通过自我提升，形成独特的教育理念，构建个性化的知识结构，创新教学方法，以此影响和激发学生的个性发展。

（二）知识定位

在当今快速发展的信息时代，我们对于知识的理解和追求正在发生深刻的变革。传统的"求知性知识"——那些关于"是什么"的事实和信息，正在被"求解性知识"所取代，后者更注重于"做什么""怎么做"和"为什么"，强调的是对知识的运用、创新和批判性思考。教育的目标不再是简单地灌输知识，而是培养学生的探索精神、批判性思维和创新能力，让他们能够适应不断变化的世界。

作为中学语文教师，我们扮演的角色更加复杂和重要。我们不再是知识的单一传递者，而是要成为知识的引导者和激发者。只有这样，我们才能真正发挥"首席"的作用，让学生成为学习的主人，让学生在探索知识的过程中，体验到学习的乐趣和挑战的满足感，真正领略到教材文本的丰富内涵和

[①] 王栋生.教学有没有可能多快好省[J].语文学习，2023（10）：14–15.

深远意义。

(三) 教学方式定位

在古老的教育智慧中,韩愈的《师说》以其深邃的洞察力,将教师的角色精练地概括为"传道、授业、解惑"。这一观点,在历史的长河中,曾无数次照亮了知识的传递之路。然而,随着时代的车轮滚滚向前,特别是当我们置身于一个日新月异、变革不断的时代,如果再仅仅依靠昨天的理念去教育今天的学生,我们或许将难以预见他们明天将如何成为推动社会进步的栋梁之材。在创新教育的引领下,教育领域正经历着一场深刻的变革。

自主、合作、探究,这三个词汇不仅成为学生学习方式的关键词,更是对传统教育模式的一次有力挑战。学生的学习不再仅仅局限于被动接受,而是开始注重独立思考、团队协作以及主动探索。

教学实践中,组织好课堂教学是教师职责和新课改关键。通过精心设计的教学活动,教师可激发学生兴趣,培养自主学习能力。同时,教师须反思教学活动,调整策略以适应学生需求。

第二节 中学语文教师的学科素养要求

一、中学语文教师的课堂教学素养要求

中学语文教师在确保课堂教学成效的过程中,必须精通并有效运用基本的课堂教学技巧。这些技巧,通常在中学语文教学实践中被广泛采用,包括但不限于以下几种。

（一）课堂提问

教育的核心目标即培养学生的思维能力，而教师在这一过程中扮演着至关重要的角色。教师需要通过精心设计的教学策略，如创设问题情境，来激发学生的思维兴趣，其中，课堂提问就是一种极其有效的手段。

课堂提问，简单来说，是中学语文教师基于学生已有的知识基础，通过提出问题引导学生理解和掌握新知识的教学活动。这一过程不仅要求教师的问题设计合理，能够引起学生的兴趣，活跃课堂氛围，更关键的是，问题应能开启学生的思维，培养他们的问题意识，激发他们主动探索和解决问题的欲望。

（二）课堂作答

对于中学语文教师而言，课堂提问与课堂作答是教学艺术的两翼，缺一不可。它们在语文教学中扮演着至关重要的角色，是教师传授知识、引导学生思考的重要手段。

1.课堂作答的内涵解析

在中学语文的教学实践中，提问与作答是相辅相成的。课堂作答，简单来说，就是教师对学生提出的问题进行准确、恰当的回应。这不仅要求教师具备扎实的专业知识，更需要他们具备敏锐的洞察力和灵活的教学策略，以便在各种教学情境中，都能对学生的问题给予满意的解答。

2.课堂作答的教育价值

课堂作答在提升教学质量、激发学生学习积极性方面具有显著效果。首先，教师的正确解答能够及时纠正学生的知识误区，确保学生获得准确的信息，从而丰富他们的知识库，拓宽他们的知识视野。其次，教师的解答能够引导学生发现新旧知识之间的联系，帮助他们建立起知识网络，提高他们对知识的整合能力。最后，教师的适时回应能够激发学生的思考热情，鼓励他们积极提出问题，进一步锻炼他们的思维能力，培养他们的批判性思维。

3.课堂作答的策略与注意事项

教师在课堂上进行有效作答时，需要遵循一些基本原则。首先，教师应

第八章 创新教育视野下中学语文教师的角色转变与专业发展

尊重每一个学生的问题，将其视为促进教学互动、深化理解的宝贵机会，而不是教学进程的干扰。因此，教师应认真对待学生的每一个问题，给予充分的重视。其次，教师应根据问题的性质和学生的理解水平，灵活选择回答的方式。有时，直接、简洁的解答能迅速澄清学生的困惑；有时，启发式的问题引导则能激发学生的探索精神，培养他们的独立思考能力。最后，教师在回答问题时，要关注学生的反应，适时调整自己的教学策略。如果发现学生对答案的接受过于被动，教师可以尝试将问题转化为讨论话题，鼓励学生主动参与；如果发现学生对答案仍有疑惑，教师应及时调整表达方式，确保学生真正理解和掌握。

（三）课堂教学语言

在教育的广阔领域中，课堂教学技能如同璀璨的明珠，其中，课堂教学语言更是不可或缺的基石。教师的课堂语言技能，如同一座桥梁，连接着知识的海洋与学生的心灵，对学生成长及教学成效产生深远影响。因此，中学语文教师必须重视并提升自身的课堂教学语言能力。

1.课堂教学语言的内涵与价值

课堂教学语言，简单来说，是指中学语文教师在特定的教学目标引导下，针对特定的学生群体，运用教材知识，采取有效的教学策略，于有限的时间内，以达到教育目标的语言表达。它不仅是一种信息传递的工具，更是一座情感交流的桥梁，承载着知识的传授，也承载着情感的互动。

2.课堂教学语言的多重作用

作为信息载体，良好的课堂教学语言能够精准、生动地传递教育教学信息，促进师生间的有效沟通，增强课堂的互动性，从而拉近师生距离，建立和谐的课堂氛围。

中学语文教师的课堂语言可直接影响到教学的质量。清晰、富有感染力的语言能够吸引学生的注意力，提高他们的学习兴趣，从而提升教学质量。

在思维培养方面，语言是思维的载体，教师的语言运用直接影响学生思维的发展。教师的语言表达越丰富，越能激发学生的思考，促进他们思维能力的提升。

作为教育手段，课堂教学语言具有强大的影响力，能够触动学生的情感，激发他们的想象力，使他们在语言的魅力中接受美的熏陶，塑造健全的人格。

3.运用教学语言的策略与注意事项

准确性是课堂教学语言的首要要求。教师的语言表达必须清晰，避免使用模糊不清或易引起误解的词汇，确保学生能够准确理解教学内容。

生动性是激发学生学习兴趣的关键。教师应善于运用比喻、故事等手法，使抽象的知识具象化，激发学生的想象力，使他们在生动的语言中感受知识的魅力。

情感性是触动学生心灵的桥梁。教师的语言应饱含情感，以真诚的态度和热情的表达，触动学生的情感，激发他们的学习热情。

启发性是引导学生主动学习的导向。教师的语言应具有启发性，鼓励学生主动思考，激发他们的探索精神，培养他们的创新思维。

针对性是确保教学效果的重要因素。教师的语言应根据教学内容和学生的特点进行调整，以适应不同的教学情境，满足学生的个性化需求。

教师在使用课堂语言时，还需避免使用可能分散学生注意力、伤害学生自尊、挫伤学生积极性，或误导学生的内容，确保课堂语言的正面影响力。

（四）课堂教学应变

良好的课堂教学应变技能，是衡量一位中学语文教师专业素养的重要标准。课堂教学应变指在教学过程中，教师面对突发的、非预期的教学情境，能够敏锐地捕捉到学生思维活动的动态，迅速做出反应，采取合适的策略进行应对。这不仅要求教师具备深厚的专业知识，更需要他们具备敏锐的洞察力和灵活的应变能力。

课堂教学应变的作用不容忽视。具备应变能力的中学语文教师，能够有效地应对课堂中的各种意外情况，如学生提出的问题超出预设范围，或者课堂讨论偏离主题等。他们能够迅速调整教学策略，将这些"意外"转化为教学的契机，既保证了课堂教学的流畅性，又提高了教学质量和效率。这样的课堂，充满了活力和挑战，有利于激发学生的学习兴趣和创新思维。

第八章　创新教育视野下中学语文教师的角色转变与专业发展

课堂教学应变并非易事，中学语文教师在实践中应注意以下几点。

首先，应变策略应具有针对性，教师需要深入理解学生的问题，把握其思维的核心，然后采取恰当的措施进行解答，引导学生深入思考，解决问题。其次，教师应善于因势利导，面对突发情况，不应简单地压制或回避，而应顺着学生的思维脉络，巧妙地引导他们回到教学主线，使课堂保持动态平衡。最后，教师在应对课堂意外时，还应注重启发学生的多元思维，鼓励他们从不同的角度看待问题，培养他们的创新思维和批判性思维能力。

（五）课堂预设与生成

中学语文教师的课堂预设与生成能力构成了其专业能力的核心要素。提升这一能力对于激发教学活动的活力至关重要。在语文教学过程中，预设与生成互为补充。教学活动需预先规划，而精心设计的预设唯有通过课堂的实际生成才能彰显其效用。

1.明确学情，有效预设

首先，教师可通过访谈了解学生语文学习态度、兴趣和挑战，建立信任，激发学习积极性。

其次，调查是了解学生的重要方法。教师可设计问卷让学生自我评估，理解学生需求和学习动向。

观察是教师必备技能，捕捉学生变化，调整教学策略。

笔谈是独特教学手段，学生表达想法，教师无声交流，进一步了解学生。

测试是评估学生学习的基础方法，为后续教学设计提供依据。

基于学情，教师制定精准教学目标，考虑学生实际和语文发展需求，提高课堂教学质量和效果。

2.钻研教材，追求生成

教学内容的生成，不仅要求教师深入理解教材，更需要教师具备灵活的教学策略，以适应学生个体差异和教学环境的变化。以下将从三个方面探讨如何在语文课堂中生成有效的教学内容。

首先，教学内容的生成应围绕单元目标定位。教材的单元设计是经过精心策划的，每篇文章的入选都有其独特的教学价值。教师在教学时，应深入理解单元提示，把握文章间的关联性，以此为线索引导学生深入学习。例如，教授一组主题相关的故事时，教师可以引导学生比较不同故事的共性和差异，从而深化他们对主题的理解。同时，教学内容应与学生的生活经验相结合，使文本内容与学生的实际生活产生共鸣，增强教学的实效性。

其次，生成教学内容的基础是对课文的深入理解。教师需要准确解读教材编写者意图，把握文章深层含义，具备敏锐洞察力，捕捉作者情感思想。明确文章在教材中的定位及作用，如范例文章教语言技巧，讨论话题文章激发思考。教学内容应考虑课文情境性，结合教学环境和学生需求，使其更具针对性和生动性。

3. 不断反思，优化流程

首先，我们要理解知识与能力之间的关系。在传统的语文教学模式中，教师往往以讲读为主，以传授知识为目标，课堂常常被处理成教师讲解、学生倾听的过程。然而，现代教学理论强调，只有当教学结构合理时，才能真正引领学生的发展。因此，现代教学设计不仅要关注知识的传递，更要关注学生能力的培养，如阅读理解能力、批判性思维能力等。教师在评估教学效果时，应关注学生是否真正掌握了科学的学习方法，而不仅仅是对知识的表面理解。

其次，教与学的关系是教学设计中不可忽视的一环。传统的教学结构往往忽视了教与学的有机统一，过于强调教师的"教"，而忽视了学生的"学"。新课程理念倡导转变语文学习方式，教师需要反思如何在教学中平衡教与学的关系。教师的"教"应以促进学生的"学"为目标，激发学生的自主学习能力，使他们能够独立思考，解决问题，这才是语文教学的真正目的。

二、中学语文教学的备课素养要求

（一）备课的依据

在中学语文教师的教学准备过程中，确保备课内容的全面性和科学性是至关重要的。这一过程不仅关乎教学质量，更直接影响到学生对语文知识的吸收与理解。因此，中学语文教师在进行教学备课时，应当深入依据以下几个方面，以构建更加丰富、结构清晰且完整的教案。

1.深入研读中学语文课程标准

中学语文课程标准，作为由我国教育部精心制定的语文教学指导性文件，它不仅为语文教学指明了方向，还详细规定了各阶段的教学目标、内容要求及评价标准。这份标准如同一盏明灯，照亮了语文教师备课与授课的道路。因此，中学语文教师在备课之初，务必对课程标准进行细致研读，明确其核心理念和教学要求。

2.深入钻研中学语文教材

中学语文教材是教师授课的主要依托，也是学生获取知识的重要来源。因此，教师在备课时，必须深入钻研教材，挖掘其内在价值，把握其精髓所在。这要求教师不仅要对教材内容进行全面梳理，还要对教材的编排体系、教学重难点等进行深入分析。

3.合理利用教学参考书

教学参考书是中学语文教师备课时的得力助手，它为教师提供了丰富的教学资源和参考意见。然而，教师在使用教学参考书时，应保持审慎和批判的态度，避免盲目依赖和照搬照抄。

（二）备课的内容

在中学语文教学中，教师的备课工作是确保教学质量的关键环节。备课不仅涉及对教材内容的深入理解和教学方法的精心设计，更需要教师全面考虑学生的特点、教学的重点难点，以及课堂氛围的营造等多个方面。

（1）备关键。教师备课时需挖掘教材及教学的关键环节，确保教学流畅有效。

（2）备重点。识别并抓住教材核心内容，根据学生需求确定教学重点，提高教学针对性。

（3）备难点。深入研究复杂概念、抽象知识，寻找有效教学策略化解难点。

（4）备学生。了解学生特点，制定符合学生需求的教学策略，激发学生的学习兴趣。

（5）备方法。选择最适合的教学方法，如探究式教学、合作学习等，激发学生潜力。

（6）备问题。精心设计问题，引导学生思考，检测理解程度，促进教学进程顺利开展。

（7）备语言。选择清晰、准确、生动的语言，避免复杂词汇，确保学生理解。

（8）备情感。调整心态，以积极、热情、自信的态度进入课堂，提高教学感染力。

三、中学语文教学的授课素养要求

在中学语文教育过程中，教学活动旨在高效地传递知识和技能，同时促进学生的智力发展。为了实现这一目标，并确保教学活动能够产生积极效果，中学语文教师有必要磨炼并掌握一定的教学艺术。

（一）授课的导入与结束

1.中学语文授课的导入艺术

中学语文授课的导入，是教师在新课开始时精心设计的语言引导，它如同一扇窗，打开学生对新知识的探索之门。有效的导入不仅能够激发学生的学习兴趣，还能起到承上启下，连接新旧知识的作用，为整堂课的顺利进行铺设坚实的基础。

语文教师在选择导入方法时，需根据教学内容和学生特点灵活应用。常见方法如下。

"开门见山法"指教师从文章题目入手，解析题目含义，引导学生进入课文主题。如讲解《红楼梦》，教师可解析"红楼"和"梦"的含义，引发

第八章 创新教育视野下中学语文教师的角色转变与专业发展

学生思考。

"温故知新法"通过复习旧知识，将新旧知识串联，帮助学生建立知识网络。如教授《水浒传》人物关系，教师可先回顾主要人物，再引入新角色和情节。

教师还可采用"实物展示法"，如讲解《草船借箭》时，展示箭矢和草船模型，使历史场景生动具体。"情感熏陶法"则要求教师用情感语言创设情境，让学生在共鸣中进入课文。

"联系生活法"是将课文内容与学生的生活经验相结合，如在教授《故乡》时，引导学生分享自己的家乡记忆，使文本内容更具现实意义。教师特长展示法则是教师利用自身的特长，如朗诵、歌唱、讲故事等方式吸引学生的注意力，激发他们的学习兴趣。

"制造悬念法"是教师在开讲时巧妙设置悬念，如在讲解《福尔摩斯探案》时，提出一些未解的谜团，激发学生的好奇心和探索欲望。

然而，无论选择哪种导入方法，教师都应遵循一些基本原则。首先，导入内容应与新课教材内容紧密相关，形成教学内容的有机组成部分。其次，导入应切合学生实际，充分考虑学生的认知水平和兴趣。此外，教师的语言表达应准确、生动、简洁，避免冗长和模糊不清。同时，导入应能激发学生的积极思维，引发他们的学习好奇心。教师还须不断创新，避免导入方式的单一化，确保每次导入都能引起学生的关注。最后，导入应具有针对性，根据教材内容、学生特点、教学情境和教学目标进行适当的调整。

2.中学语文授课的结束艺术

一堂精彩的语文课，不仅需要在开篇时吸引学生的注意力，引导他们进入知识的殿堂，更需要在结束时留下深刻的印象，使学生在课后还能回味无穷。这就要求中学语文教师在结束授课时，巧妙运用各种方法，以达到教学目标的完美实现。

总结法是常见的结束方式。教师以精准的语言，提炼出课堂内容的精华，帮助学生梳理知识脉络，巩固记忆。这就像为学生绘制了一张知识地图，让他们清晰地看到自己在知识海洋中的位置。

对比法也是一种有效的教学策略。教师通过对比分析，让学生看到不同文本之间的异同，从而更好地理解和掌握每篇课文的独特性，培养他们的比较分析能力。

悬念法可以激发学生的好奇心。教师在结束时提出与下节课相关的问题，引发学生的思考，为下一次的学习铺垫，同时也保持了学生的学习热情。

练习法是检验学生学习效果的重要手段。教师布置适当的练习，让学生在实践中巩固所学，发现并解决问题，从而实现知识的内化。

评论法则强调教师对课文的解读和评价。教师的评论可以帮助学生从新的角度理解课文，深化他们的思考，提高他们的批判性思维能力。

延伸法鼓励学生将课堂知识与生活实际相联系，激发他们的探索精神，培养他们的自主学习能力，使他们在课堂之外也能持续学习和成长。

在结束授课时，教师应确保对全课内容的总结清晰，突出重点，同时要留给学生足够的时间消化吸收。此外，教师的结束语应真实、恰当，与课程内容保持一致，以避免引起学生的困惑。

（二）授课的讲解

在中学语文的教学殿堂中，讲解如同一座桥梁，连接着教师的智慧与学生的求知欲。它不仅是教学的基本形式，更是提升教学质量的关键所在。

教师应进行升华性讲解，提升他们的分析和应用能力。注重引导学生发展思维能力，培养他们的观察力、注意力、记忆力和创新能力。讲解的语言应简洁而不乏深度，生动而富有启发性。教师还应教授自学方法，培养学生的自主学习能力，让他们学会独立解决问题。最后，教师应展现个人的教学风格，提出独特的见解，激发学生的批判性思维，但同时避免完全依赖他人的观点。

（三）授课的语言

中学语文教师在教育领域中扮演着至关重要的角色，他们的语言表达能力往往被期望高于其他学科的教师。这一现象的出现，主要源于语文学科的独特性质。语文，作为一门研究语言文字、文学艺术和社会文化的学科，其教学过程更依赖于教师的语言魅力和表达技巧。因此，中学语文教师在教学过程中，其授课的语言艺术成为决定教学质量的关键因素。

语言的准确性。教师的每一句话都应像精心雕琢的宝石，精确无误，简洁有力。每一个词汇、每一个句子都应具有严密的科学性，确保传递的知识无误，避免引发学生的误解。例如，解释古诗词的意境时，教师需要用准确的语言描绘出诗人的内心世界，使学生能够准确理解并欣赏其中的深意。

语言的节奏感。在授课过程中，教师应像一位音乐家，通过调整语速、语调和停顿，创造出富有节奏感的语言旋律。这样的语言表达能够有效地吸引学生的注意力，避免教学过程单调乏味，以减少学生的认知疲劳，使课堂气氛保持和谐轻松，有利于学生更好地吸收知识。

幽默感是提升课堂活力，激发学生学习兴趣的重要元素。一位善于运用幽默的语文教师，能够通过巧妙地插入一些诙谐的话语或生动的比喻，使课堂充满活力，吸引学生的注意力。幽默的语言不仅能够缓解学生的学习压力，增强学生求知的快感，还能在轻松愉快的氛围中启发学生的思维，激发他们的创新意识。

四、中学语文教师的教学设计素养要求

中学语文教师的教学设计能力被视为其专业技能的核心要素。此能力确保了教师能够有效地执行课程计划，有效管理课堂动态，并能对教学过程进行持续优化，以提升教育质量。加强中学语文教师的教学设计能力提升工作，是确保语文课堂教育效果稳固基础的关键所在。

（一）具备现代教学设计的基本理念

首先，以生为本的学生观。在传统的语文教学中，学生往往被视为被动接受知识的容器，而现代教育理念则强调学生是学习的主体。教师在设计教学时，应充分考虑学生在学习过程中的主体地位，如在确定教学目标、选择教学内容和方法、进行教学评价时，都要注重学生的参与和主动性的发挥。

此外，理解学生的心智结构特征，如他们的认知发展水平、接受能力和思维能力的差异，是设计符合学生需求的教学活动的关键。

其次，导学、促学的教学观。教师从引导者的角度出发，激发学生的学习兴趣和需求。教师不再是知识的单一传递者，而是要成为学生学习的促进者，帮助他们发现和解决问题，培养他们的自主学习能力。在教学设计中，教师应以学生的"学"为出发点，设计能够引导学生自主、合作和探究的教学活动，使学生在学习过程中能够主动思考，积极参与，从而提高教学效果。

（二）提高文本解读的能力

文本解读能力是衡量中学语文教师教学水平的重要标尺，也是他们引领学生探索语文世界的关键能力。每一位教师在面对一篇课文时，都会根据自身的理解和感悟，构建起独特的教学视角。这些理解和感悟的形成，离不开教师对文本的深度解读和精准把握。

首先，教师提高对文本的有效解读能力是提升阅读教学质量的首要任务。教师的解读是否准确，直接影响到学生对文本的理解和感受。在阅读教学中，教师需要树立全面、深入的文本解读理念，既要考虑到文本的文学价值，又要关注其教育功能。教师的解读不仅要专业、精准，还要能与学生的认知水平相契合，将文本的内涵转化为学生可以理解和接受的学习内容。

其次，教师提高解读素养是提升自身解读能力的重要途径。语文教学既包括语言的表层，也包含文化的深层。同样，文本解读能力的提升，既需要教师具备扎实的文学知识和深厚的文化素养，这是解读能力的基石和支撑。同时，教师还需要不断磨砺自身的解读技巧，从微观层面提升文本分析的能力。这需要教师自身持续学习，积累阅读，不断更新教学理念，以适应语文教学的不断发展和变化。

（三）强化知识整合的能力

在21世纪这个信息化社会的浪潮中，知识的海洋浩瀚无垠，各种信息纷至沓来。面对如此繁复的知识体系，中学语文教师的角色显得尤为重要，他们需要扮演知识的导航者，具备一种独特的能力——知识整合。这种能力要求教师能够从繁杂的信息中筛选出对语文教学有益的部分，将它们融入课堂，从而使教学更具时代感和前瞻性。

首先，语文学科自身的知识结构就是一个有机的整体。语言知识、文学知识、文化知识、文章知识等并非孤立存在，它们之间存在着深厚的内在联系。从认知心理学的角度来看，人的学习过程就是不断构建和更新知识体系的过程。教师在设计语文教学时，应注重揭示这些知识之间的关联，帮助学生将新知识与已有的知识网络相融合，形成一个完整而有序的知识体系，从而提高学生的学习效率和知识的掌握程度。

其次，语文学科与其他学科的交叉性不容忽视。语文教材往往涵盖了丰富的跨学科知识，如历史、哲学、艺术、科学等。教师在教学设计时，应敏锐地捕捉到这些跨学科的线索，将它们巧妙地融入语文课堂。例如，讲解古代诗词时，可以结合历史背景，让学生在理解诗词的同时，也能感受到历史的厚重；在分析现代文学作品时，可以引入哲学思想，激发学生深入思考。这样的教学方式不仅能够丰富语文课堂的内容，提升教学的深度和广度，还能锻炼学生的跨学科思维能力，培养他们的创新精神。

第三节　中学语文教师的专业发展路径

一、教师层面

（一）坚定理想信念

1.热爱教育事业，增强教育责任感

中学语文教师应深知其职业的重要性，教师被尊称为塑造人类灵魂的工程师。教育专注于人的培养，与学生前程和国家兴衰紧密相连。教师意识到自身职责与国家命运紧密相连，将产生庄重神圣的使命感和动力。这种认知推动教师追求专业成长，促进学生发展。

（1）增强责任感

教育是塑造未来的关键，而教师则是这个关键中的砥柱中流。他们不仅是知识的传播者，更是道德的引导者和人格的塑造者。只有那些具备高度职业道德的教师，才会不断地反思自身的专业发展，以确保他们的教学方法能够有效地提升学生的综合素质。这样的教师，他们的责任感不仅限于提高学生的考试分数，而是深入每一个教学细节，关注学生的情感成长、思维发展和生活技能的培养。

于漪老师，一位深受敬仰的教育家，曾在《于漪文集》中深情地阐述了教师的责任感。她指出，当社会将年轻的一代托付给教师时，这不仅仅是对教师能力的认可，更是对教师人格的极大信任和期待。教师承载的，是每一个家庭的希望，是社会的未来，是国家的希望。因此，教师的使命不仅仅是传授知识，更是要激发学生的潜能，引导他们形成健全的人格，培养他们成为有责任感、有创新精神、有全球视野的公民。[①]

于漪老师的话语，是对教师职业崇高性的深刻诠释，也是对教师责任感的有力呼唤。教师的每一堂课，每一次互动，都可能在学生的心灵深处留下烙印，影响他们的人生轨迹。因此，教师需要始终保持专业发展的自觉性，不断更新教育理念，创新教学方法，以满足学生多元化、个性化的发展需求。

在这个过程中，教师需要有耐心，有爱心，有毅力，始终以学生为中心，关注他们的成长，尊重他们的差异，激发他们的潜能。只有这样，才能真正实现教育的目标，培养出能够适应社会变革，能够创造幸福生活的全面发展的人才。

（2）用心关爱学生

教育，作为社会进步的基石，其核心始终是教师与学生之间的互动。教

---

① 于漪.于漪文集（第一卷）[M].济南：山东教育出版社，2001：709.

第八章　创新教育视野下中学语文教师的角色转变与专业发展

师,作为引导者和塑造者,他们的角色至关重要。他们不仅需要传授知识,更需要热爱学生,关注他们的成长,因为教育的最终目标是促进每一个学生的全面发展。教师的职责超越了课堂,他们需要将"师爱"与"母爱"融为一体,以无私的关怀和耐心的引导,帮助学生克服困难,激发他们的潜力。斯霞老师,被誉为"中国现代教育的引领者",她的教育理念深深影响了一代又一代的教育工作者。她以母亲般的爱心对待每一个学生,用无微不至的关怀和春风化雨的教诲,滋养了孩子们的心田。学生们表示"我们都把她当作是自己的母亲",这是对教师最高尚品质的最好诠释,也是对师爱最深情的赞美。同样,霍懋征老师也是"痴爱教育"的典范。她坚信,没有爱,就谈不上教育。在她的教育生涯中,她用实际行动诠释了这一理念。无论是陪学生看病,为他们购买运动装备,还是对那些条件艰苦或基础薄弱的学生倾注更多的心血,霍老师始终以无私的爱和坚定的信念,帮助每一个学生找到自我,实现价值。她的故事,是对教育事业的崇高敬意,也是对教师职业精神的生动写照。[1]

钱梦龙老师,这位在中国教育界享有盛誉的名家,他的成长之路并非一帆风顺。小时候,他曾是一个让老师们头疼的"后进生",在学习的道路上遭遇了三次留级的挫折。然而,命运在他五年级的时候,为他开启了一扇希望之门。他的班主任兼语文老师武钟英,成为他人生中的重要导师。[2]武老师并没有因为钱梦龙的学习困境而放弃他,相反,她看到了他身上的潜力和未被发掘的才华。她耐心地教他四角号码查字法,帮助他克服了阅读和写作的难题。更令人感动的是,武老师将钱梦龙的习作推荐到报纸上发表,这不仅激发了他的自信心,也让他找到了自我价值的认同。武老师的一句"该生天资聪颖"的评语,如同一束光照亮了钱梦龙的人生道路,让他从困境中找到了前行的动力。

2.树立理想信念,增强专业发展自觉性

优秀的教师,他们的目标并不仅仅是传授知识,更是要激发学生的潜

---

[1] 侯媛媛.中小学女性语文名师专业成长探究[D].洛阳:洛阳师范学院,2016:42.
[2] 钱梦龙.当老师就要当这样的老师[J].思想理论教育,2012(10):4.

能，引导他们全面发展。他们视学生的学习进步为自身职业价值的体现，视提升学生的生活品质为教育的最高追求。这种深植于心的教育理想，如同一盏明灯，照亮了教师的专业发展之路，使他们在面对困难和挫折时，依然能够坚守教育的初心，勇往直前。回顾历史，我们不难发现，那些被人民尊为语文名师的教育家们，他们的成长历程往往充满了挑战和困苦。他们可能没有现代丰富的学习资源，没有接受过系统科学的教育训练，但他们凭借坚定的信念，以无比的毅力和热情，不断探索，不断学习，最终在教育的田野上留下了深深的足迹。他们的成功，无疑证明了教育理想的强大力量，教育理想是他们专业成长的起点，是他们在困境中不屈不挠的精神支柱。

（1）树立职业理想

在教育的广阔舞台上，每一位中学语文教师都扮演着至关重要的角色。他们的使命不仅仅是传授知识，更是点燃学生心中智慧的火花。因此，教师个人的奋斗目标和规划对于教育事业的发展具有深远影响。

以于漪老师为例，她十几岁时就在心中种下了献身教育的理想种子。她深感教育的崇高与伟大，立志一辈子当一个合格的中学教师，这不仅是她的人生信念，更是她对教育事业的深情承诺。于老师用一生的教学生涯，诠释了什么是真正的"教书育人"。同样，魏书生老师的人生轨迹也充分展现了对教育事业的执着热爱。他将终生献身教育事业作为自己的人生理想，如同一盏明灯，照亮他前行的道路。无论遇到何种困难，他都坚守初心，矢志不渝地践行着自己的教育理念，为无数学生的人生导航。这些杰出的教师，他们的故事不仅是个人奋斗的缩影，更是教育事业精神的生动体现。他们用坚定的信念和无私的奉献，向我们展示了教育的真谛，那就是：以爱为基，以德为先，以学生为中心，用生命影响生命，用智慧启迪智慧。他们的榜样力量，激励着更多的教师在教育的道路上砥砺前行，为培养更多优秀的人才，为推动社会的进步贡献力量。[1]

（2）制订专业发展规划

教师的专业发展，不仅是个人成长的必经之路，更是推动教育进步的

---

[1] 何丽丽.优秀中学语文教师的专业情意研究[D].北京：首都师范大学，2004：17.

第八章 创新教育视野下中学语文教师的角色转变与专业发展

重要力量。在这一过程中,设立阶段性的专业发展目标,以教育理想为引领,显得尤为重要。教育理想,犹如夜空中最亮的星,为教师指明了前进的方向。然而,理想并非空中楼阁,它需要通过一个个具体的阶段性目标来逐步实现。教师的专业发展规划,便是将教育理想转化为实际行动的蓝图。这份规划,应当是基于对当前教学现状的深刻反思,对未来发展方向的清晰展望,以及对个人能力与兴趣的全面评估。

(3)增强专业发展自觉性

李镇西老师在《从批判走向建设——语文教育手记》中的深刻阐述:"我可能一辈子都只是一个普通教师,但我一定要做一个最好的'我'"。[①]这句话不仅是李老师个人教育生涯的写照,更是对所有教师的启示,即无论身处何种环境,都应保持自我提升的意识和决心。这种自我发展意识的力量,是任何外部环境都无法替代的。对于每一位中学语文教师来说,李老师的经历无疑是一个值得借鉴的榜样。在日常的教学工作中,我们不仅要满足于完成教学任务,更应积极寻求专业成长,通过参加专业培训、研究教学方法、反思教学实践等方式,不断提升自己的教育素养。同时,我们也要有勇气面对自身的不足,以自我超越的精神,挑战自我,超越自我,让每一天的教学都充满创新和激情。教育是一个永恒的事业,教师的专业发展是一个持续的过程。只有当教师具备了强烈的自我发展意识,才能在教育的道路上不断前行,让自己的教育生涯开出繁花,结出硕果。这样,教师才能真正实现教育的目标,培养出一代又一代的优秀人才,为社会的进步贡献力量。

(二)成就扎实学识

1.主体性知识

主体性知识对于中学语文教师而言,特指语文教育独有的知识范畴。具体来说,它涵盖了语文学科的专业知识、语文课程的体系认知以及语文教学

---

① 李镇西.从批判走向建设——语文教育手记[M].四川:四川少年儿童出版社,1999:247.

的策略理解。

(1) 语文学科知识

语文学科知识由读写知识的基石，到文学知识的塔身，再到语言学与现代汉语知识的尖顶，以及口语知识、文言文知识、百科知识与选修专题知识的丰富装饰，每一部分都是中学语文教师不可或缺的素养。[①]以文言文教学为例，"故五月渡泸，深入不毛"这句《出师表》中的名句，其背后的"不毛"一词，实则源于古代的农耕文化，意指不适宜种植庄稼的地方，而非简单的寸草不生。[②]如果教师缺乏对文言文背后深厚文化背景的了解，就可能在解答学生疑惑时显得力不从心。因此，深厚的语文学科知识不仅是教师教学的利器，也是引导学生深入理解中华文化的桥梁。

然而，知识的海洋永无止境，中学语文教师在追求学科知识的广度和深度时，也应关注知识结构的动态更新。语言学、文学研究等领域的新发现、新理论，如潮水般涌动不息，教师需要保持敏锐的洞察力，及时吸收新的知识养分。例如，对于文体特征的理解，以往的记叙文六要素理论在面对丰富多样的散文时，可能显得过于刻板。因此，教师需要不断更新自己的知识体系，摒弃过时的观念，以适应日新月异的教育环境。

教师的专业发展，如同一场永无止境的自我挑战。教师们需要定期反思自身的知识结构，识别出知识盲点，有针对性地进行自我提升。这需要教师保持阅读的热情，广泛涉猎各类书籍，从古典文学到现代诗歌，从语言学理论到文化研究，不断充实自我，提升自身的知识深度和广度。同时，教师还应积极参与学术交流，借鉴同行的经验，以开放的心态接纳新的教育理念和方法。

(2) 语文课程知识

中学语文教师，作为这一知识传递的桥梁，其责任尤为重大。他们不仅要精通课程内容，更要深刻理解课程标准，以之为灯塔，照亮教学的航程。

新课标提出语文是"工具性与人文性的统一"。这一观点深刻揭示了语

---

① 中小学教师专业发展标准及指导课题组.中小学教师专业发展标准及指导语文[M].北京：北京师范大学出版社，2012：128.

② 何伟.说"不毛".中学语文教学[J].中学语文教学，2007（6）：61.

第八章　创新教育视野下中学语文教师的角色转变与专业发展

文学科的本质特征和教学要求。语文既是交流思想的工具，又是传承文化的载体；既具有实用性价值，又蕴含丰富的人文精神。因此，语文教师在教学中必须兼顾这两方面内容，既要注重语言文字的训练和运用能力的培养；又要关注人文精神的熏陶和人格品质的提升。只有这样，才能真正实现语文教学的目标和价值。面对不断变化的语文课堂和学生发展需求，中学语文教师必须保持与时俱进的精神状态和学习态度。他们可以通过阅读权威报刊、关注新媒体动态等方式不断提升自己的理论水平和教学能力；同时还可以通过参加培训、交流研讨等活动拓宽自己的视野和思路；更可以通过自我反思和实践探索不断优化自己的教学策略和方法。只有这样，才能在教育改革的浪潮中勇立潮头、引领风骚为培养更多具有创新精神和实践能力的高素质人才贡献自己的力量。

（3）语文教学知识

语文教学知识，是中学语文教师构建教学框架，实施高效教学的核心。它涵盖了对教材的深度解读，对教学目标的精准定位，对教学设计的创新构思，对教学原则的深刻理解，对教学内容的精准提炼，对教学方法与策略的灵活运用，以及对教学评价的科学评估等多方面的理论与实践知识。教师需要将这些知识内化为自己的教学智慧，以提升课堂教学的效果和质量。

首先，教师对语文教材的掌握不应止于表面。除了深入研读当前使用的教材，理解每一篇课文的内涵，解析课后习题的意图，更应探究选课的深层原因，理解编者的编写意图，如注释的含义，编写说明的提示等。同时，教师还应跨越学段的界限，对前后学段的教材进行通读，以形成全局的视角，确保教学的连贯性和一致性。

其次，教师应广泛阅读语文教学论的著作，深入研究教学理论，把握语文教学的特有规律。在此基础上，教师应系统学习和实践各种教学方法，如情境教学、探究式教学、合作学习等，通过不断地尝试和反思，形成自己独特的教学风格。

此外，学习和借鉴语文名师的教学经验也是提升教学能力的重要途径。程红兵、肖培东、王君等语文教育的领军人物，他们的教学视频、实录和设计，展示了语文教学的艺术性和智慧性。教师们可以从中学习他们如何把握教学节奏，如何引导学生思考，如何处理不同性质的教学内容，这些都将对一线教师的教学实践产生深远影响，帮助他们更好地将语文教学知识转化为生动的教学实践。

2. 条件性知识

条件性知识，作为教育教学中的一个重要概念，是指教师在特定情境下如何有效地运用已有知识和经验进行教学活动的能力。[①]例如，心理学知识在提升教师素质和改善师生关系方面同样不可或缺。语文学科的人文性要求教师能够深入学生内心，通过平等、真诚的交流，理解他们的困惑，提供必要的心理支持，以实现语文教育的育人目标。同时，教师应运用心理学中的理论，如学习动机理论、认知理论等，激发学生的学习兴趣，指导他们发展有效的学习策略，以促进其在语文学习上的自主性和有效性。[②]掌握语文教育心理学，将使教师在教学实践中更加得心应手，能够更好地与学生建立良好的互动关系，从而在教学中取得事半功倍的效果。

3. 补充性知识

中学语文教师肩负的不仅是语言文字的教学，更是文化传承与人格塑造的重任。因此，一个富有魅力的中学语文教师，必然是那些腹有诗书气自华、见多识广，能够旁征博引的智者。

首先，教师广博知识的重要性。在《语文课程标准》的指引下，语文教学已不仅仅局限于字词句篇的传授，更在于学生人文素养与综合素质的提升。这就要求中学语文教师必须具备深厚的文化底蕴和广泛的知识储备，能够引导学生穿越时空的界限，领略古今中外的文化瑰宝。例如，在讲解古诗词时，教师若能结合历史背景、作者生平及时代风貌进行深入浅出的剖析，便能让学生更深刻地理解作品内涵，感受诗人的情感世界。这种教学方式不仅能激发学生的学习兴趣，还能培养他们的审美情趣和批判性思维能力。

其次，教师的广博知识还能在课堂上创造出意想不到的教学效果。以《白毛女》一课为例，当教师用那略带颤抖却充满情感的嗓音唱出"北风那

---

① 汤容.语文名师成长与教师专业化发展[D].西安：陕西理工大学，2019：30.
② 中小学教师专业发展标准及指导课题组.中小学教师专业发展标准及指导语文[M].北京：北京师范大学出版社，2012：133.

第八章　创新教育视野下中学语文教师的角色转变与专业发展

个吹，雪花那个飘，雪花飘飘年来到"时，整个教室仿佛被一股无形的力量所笼罩，学生们被深深地带到了那个风雪交加的年代，感受到了底层人民的苦难与旧社会的残酷。这种身临其境的体验，远非简单的朗读所能比拟。又如，在教授《看云识天气》一课时，如果教师能够运用丰富的地理知识，将云的形态、颜色与天气变化之间的关系娓娓道来，那么原本枯燥无味的自然知识就会变得生动有趣，学生们也会在轻松愉快的氛围中掌握新知。

此外，随着时代的发展，中学生的知识面日益广泛，他们提出的问题也越来越新颖、越来越有深度。这就要求中学语文教师必须紧跟时代步伐，不断更新自己的知识结构，以应对学生日益增长的求知欲。一个优秀的中学语文教师，应该是一个不断学习、不断进步的"杂家"，他不仅要精通历史文化，还要涉猎天文地理、美学音乐等多个领域。只有这样，他才能在课堂上游刃有余地解答学生的疑问，满足他们的好奇心，赢得他们的尊敬与爱戴。

二、学校层面

（一）规范中学语文教师工作量

在当前的教育环境中，中学语文教师面临着教学、备课以及各种非教学性事务的多重压力，这无疑对他们的专业发展构成了挑战。因此，学校应当采取有效措施，为教师减负，让他们能够专注于教学研究和自我提升。

首先，对于那些消耗教师大量时间的非教学性事务，学校应设立专门的管理部门来处理。例如，信息收集、表格填写等日常工作，可以由专门的行政人员负责，以提高工作效率，确保信息的统一和准确。在疫情期间，健康打卡等事务的管理，也可以由专人负责，避免教师在教学之外还要分心处理这些琐事，从而让他们能够全身心地投入教学和研究。

其次，针对家长与教师之间的沟通问题，学校需要对各类家校群进行精简和规范。家校群的初衷是建立家校沟通的桥梁，但过度的交流往往会给教师带来额外的负担。因此，学校可以设立每周一次的"家长开放日"，鼓励家长直接到校了解孩子的情况，与教师面对面交流。这不仅能够增强家校合作，提高教师的沟通能力，也能让教师从频繁的信息回复中解脱出来，有更多的时间进行自我学习和提升。

再者，学校应精简活动和会议，为教师创造更多自我发展的时间。对于那些重复性高、与教师专业发展关联性不强的会议，应予以取消或合并，转而举办如"书香校园""共读一本书"等有助于提升教师和学生素养的活动。这样的活动既能让教师在参与中学习，也能让他们在忙碌的工作中找到乐趣和动力，从而更好地促进他们的专业发展。

（二）引领教师专业发展

在教育的广阔领域中，激发中学语文教师的主观能动性与加强教育科研支持是并行不悖的两个重要方面。教师的发展与学校的发展是相互依存、相辅相成的。优秀的教师队伍可以提升学校的教育质量，而一个良好的学校环境则能为教师的专业成长提供肥沃的土壤。

为了营造这样的专业发展氛围，学校需要构建一个既真实又包容的环境。教育科研的本质在于实事求是，教师们应以务实的态度对待教学研究，摒弃功利主义，将学习本身作为目标。同时，鼓励教师养成勤奋学习的习惯，享受探索知识的乐趣，追求科学的真理。宽容则体现在尊重教师的个体差异，允许他们在教学方法和内容上展现出多元化的理解，减少外在压力，让教师在自由的环境中发挥创新精神。为了更好地支持教师的专业发展，学校可以引入"教师成长档案"制度。

三、社会及教育主管部门层面

教师的专业发展是在社会宏观环境的驱动下进行的，其进程受到教育行政管理部门的有力指导。社会和教育行政部门的支持对教师专业发展至关重要。为了进一步推动基础教育的优质发展，以下几点改进措施值得考虑。

第八章 创新教育视野下中学语文教师的角色转变与专业发展

（一）增加教育投入

教师待遇是教育发展的基石，影响教师队伍结构和素质。深圳优厚待遇吸引高学历人才，证明待遇对吸引和留住教师的作用。待遇低则导致人才流失，影响教育质量。同时，待遇影响教师工作态度和积极性，老龄化和性别比例失衡反映待遇不足。教师是塑造未来的关键，提高待遇，增强职业幸福感和满意度，激发工作潜力至关重要。建议营造尊重教师氛围，提升职业地位；政府增加福利投入，提供全面保障；制定政策缓解工作压力；缩小地区差异，确保教育资源公平分配。

（二）专家指导发展

国家教育主管部门可构建官方语文教育在线平台促进教师专业发展，比如，平台定期邀请专家讲座，降低教师学习成本，促进教育公平。同时，平台应提供实践性教学示范，设置"名师课堂"，展示教学理念应用。建立反馈交流机制，解决教师问题，鼓励互动分享。社会和教育部门应创造条件，让教师接受顶级专家指导，并加强教研员培训。构建开放、互动、资源共享的语文教育生态系统，推动持续创新和高质量发展。

第九章 结 语

在教育领域,中学语文教学法的改革始终是一个重要的话题。随着社会的进步和科技的发展,传统的教学模式已经无法满足现代教育的需求。因此,我们需要深入探讨和研究,提出适应时代发展的教学策略,以期在未来的语文教育中实现质的飞跃。展望未来,中学语文教学法的改革将是一个持续且深入的过程。期待在新的教育理念引领下,构建出一个以学生为中心,科技与人文并重,公平且高效的语文教育新生态。在这个过程中,教师、学生、家长和社会各界都应积极参与,共同推动我国语文教育的繁荣与发展。

第九章 结 语

第一节 教学法改革的策略建议

现代信息技术的普及，尤其是互联网的兴起，给语文教育领域带来了深远影响。《义务教育语文课程标准（2011年版）》鼓励教师巧妙运用多元教学手段和先进的教育技术，积极探索在网络环境中创新的教学模式。[1]当前，翻转课堂、微课教学以及线上线下混合式学习等，已成为语文教育改革的重要议题。特别是抗疫期间，网络平台发挥了不可或缺的作用，确保了全国中小学生"停课不停学"，充分体现了现代信息技术的优越性。然而，与此同时，也暴露出信息技术在语文教学应用中的一些挑战和问题。因此，我们需要从语文教学实践的角度出发，深入剖析这些问题，以促进信息技术与语文教学的深度融合发展。

一、关注现代信息技术的运用与语文学习内容、学生学习思维的深度融合

信息技术在当今的语文教学中扮演着至关重要的角色，它被巧妙地运用为一种认知工具、情感激励工具和教学环境的构建工具，以激发学生的自主学习能力。正如学者所指出的，"信息技术能够使学生的学习内容真实可感，学习思维变得连续可视"。[2]以《周亚夫军细柳》的教学为例，教师巧妙地利用网络平台，引导学生深入探讨"周亚夫是否能被称为'大丈夫'"这一问题。

---

[1] 中华人民共和国教育部.义务教育语文课程标准（2011年版）[S].北京：北京师范大学出版社，2012：2.
[2] 中华人民共和国教育部.普通高中语文课程标准（2017年版，2020年修订）[S].北京：人民教育出版社，2020：9.

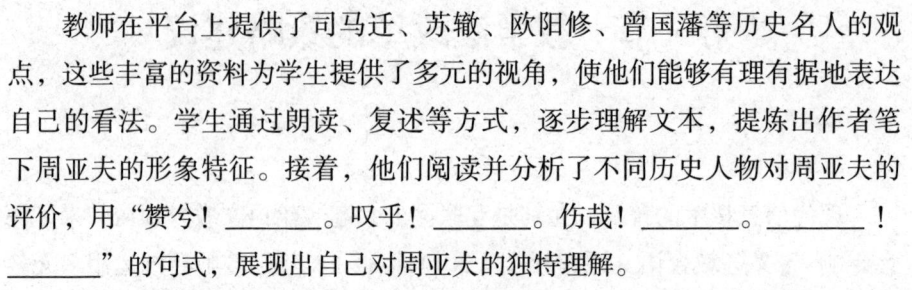

教师在平台上提供了司马迁、苏辙、欧阳修、曾国藩等历史名人的观点，这些丰富的资料为学生提供了多元的视角，使他们能够有理有据地表达自己的看法。学生通过朗读、复述等方式，逐步理解文本，提炼出作者笔下周亚夫的形象特征。接着，他们阅读并分析了不同历史人物对周亚夫的评价，用"赞兮！_____。叹乎！_____。伤哉！_____。_____！_____"的句式，展现出自己对周亚夫的独特理解。

　　在这个过程中，网络平台不仅记录了学生的学习轨迹，也展示了他们能力发展的过程。从理解资料内容，到形成个人见解，再到清晰地表达自己的观点，这个过程在平台上被生动地呈现出来。同时，这种可视化的学习过程也使学生能够反思自己的学习行为，以便进行必要的调整和改进。教师则可以根据学生的记录，及时调整教学策略，对学生的困惑和问题进行有针对性的指导。

　　通过这样的语文实践活动，信息技术与学习内容深度结合，激发了学生的探究精神和批判性思维。在这个过程中，学生在运用语言文字的同时，也提升了他们的语文核心素养，包括阅读理解、信息整合、批判思考和表达交流等能力。这种教学模式充分体现了信息技术在促进学生自主学习和深度学习中的巨大潜力。

二、充分发挥现代信息技术带来的资源拓展优势，促进语文学习真实发生

　　在教育领域，教师的作用不仅仅是传授知识，更在于引导学生如何高效地学习并掌握知识的精髓。在这一过程中，学习资源的选择与运用显得尤为重要。下面围绕"教师如何根据学生的学习主题，提供并整合学习资源，以促进学生深入学习和能力进阶"这一主题进行深入探讨。

（一）定向资源的精准投放与深度解析

　　如在教授《周亚夫军细柳》这一经典篇目时，教师不仅要让学生理解课

第九章 结 语

文的字面意思，更要引导他们深入挖掘周亚夫这一历史人物的深层价值。为此，教师可以通过设计"为周亚夫写一则颁奖辞"这一教学环节，来激发学生的学习兴趣和思考深度。在这个环节中，教师首先需要为学生提供必要的定向资源。这些资源不仅限于课文本身，还应包括与周亚夫相关的历史背景、人物评价等。例如，教师可以适时引入百度百科中"颁奖辞"的词条，让学生了解颁奖辞的基本定义和写作技巧；同时，提供《钱学森颁奖辞》等优秀范文，让学生感受颁奖辞的语言魅力和情感力量。此外，《周亚夫之死》等相关资料的引入，则能帮助学生从多个角度理解周亚夫的形象和性格，为写颁奖词提供丰富的素材和灵感。

为了确保上述这些网络资源能够真正发挥作用，教师需要细致甄别、精心挑选、反复推敲。这些资源不仅要具有权威性和准确性，还要能够贴近学生的认知水平和兴趣点。只有这样，才能确保这些资源成为学生完成学习任务的"助推器"，帮助他们更好地理解和掌握所学知识。

（二）学习资源的"混搭"与综合运用

在现实生活中，我们面对的问题往往复杂多变，需要借助多种资源才能找到解决方案。同样，在学习过程中，学生也需要通过整合多种学习资源来提升自己的综合素质和能力。因此，教师在提供学习资源时，应注重资源的"混搭"与综合运用。

以把握小说中人物形象为例，学生不仅需要阅读"这一篇"小说本身，还需要了解他人对该人物形象的鉴赏评析以及相关的文艺理论短文。这些资源之间既有联系又有区别，共同构成了一个完整的知识体系。通过将这些资源"混搭"在一起，学生可以更加全面地了解人物形象的多面性和复杂性，进而提升自己的鉴赏能力和分析能力。

在整合学习资源的过程中，教师不仅要关注资源的多样性和丰富性，还要注重资源之间的内在联系和逻辑关系。只有将多种同质资源和异质资源有机地融合在一起，才能形成一个完整的学习生态系统，为学生搭建解决真实问题、实现能力进阶的"脚手架"。

第二节　对未来中学语文教学的展望

在教育部《教育信息化十年发展规划（2011—2020年）》的宏伟蓝图中，明确提出"利用信息技术开展启发式、探究式、讨论式、参与式教学"的先进理念，这不仅是对传统教学模式的一次深刻反思，更是对未来教育发展方向的精准定位。[①]特别是"信息技术与教育全面深度融合"这一战略目标的提出，为语文学科的教学改革铺设了一条充满希望的崭新道路。本节将深入探讨这一变革对语文教学带来的深远影响，并辅以实例、数据与分析，力求展现一个更加全面、生动的教育图景。

一、课堂教学结构的深刻变革

随着信息技术的飞速发展，信息技术在语文教学中的应用日益广泛且深入。这一趋势不仅改变了传统课堂教学的面貌，更促进了教学结构的根本性变革。在信息技术的辅助下，教师可以轻松获取海量的教学资源，并根据教学需求进行精准的选择与组合，极大地丰富了课堂内容，提高了教学效率。同时，信息技术的应用也使得课堂时间分配更加灵活多样，教师可以通过多媒体手段，如视频、音频、动画等，将抽象的知识点具象化，让学生在轻松愉快的氛围中掌握知识。此外，信息技术还促进了师生之间的交流方式变革，通过在线讨论、即时反馈等方式，学生可以更加积极地参与课堂互动，形成了良好的学习氛围。

例如，在古诗词教学中，教师可以利用信息技术展示相关的历史背景、

[①] 中华人民共和国教育部.教育信息化十年发展规划（2011—2020年）[EB/OL].（2012-03-13）[2021-02-16].http://www.moe.gov.cn/srcsite/A16/s3342/201203/t20120313_133322.html.

作者生平、创作环境等,使学生能够身临其境地感受诗词的意境与情感。同时,通过在线互动平台,学生可以提出自己的疑问,教师也能及时给予解答,这种即时反馈机制极大地提高了学生的学习兴趣和参与度。

二、教学模式的多样化探索

信息技术在语文教学中的有效运用,为教师探索新的教学模式提供了无限可能。在新的信息化教学环境中,"自主、合作、探究"成为新型教学模式的核心特征。这种教学模式鼓励学生主动探索知识,通过小组合作、共同研究等方式,培养学生的创新思维和实践能力。同时,教师也从传统的知识传授者转变为学习的引导者和促进者,通过设计具有挑战性的学习任务,激发学生的学习兴趣和潜能。

例如,在作文教学中,教师可以利用信息技术构建一个虚拟的写作社区,让学生在这个社区中自由发表自己的作品,并接受其他同学的点评和建议。这种方式不仅能够锻炼学生的写作能力,还能培养他们的批判性思维和沟通能力。同时,教师还可以根据学生的作品表现,提供个性化的指导和反馈,帮助学生不断进步。

三、学生学习数据的精准分析

现代信息技术在采集学生全学习过程数据方面具有得天独厚的优势。通过大数据分析技术,教师可以全面了解学生的学科优势、学习问题以及核心素养表现等方面的信息,从而为学生量身定制个性化的学习方案。这种精准的教学诊断不仅有助于解决学生的学习难题,还能促进学生的全面发展。

具体而言,教师可以通过在线学习平台收集学生的学习数据,包括作业完成情况、测试成绩、课堂参与度等。然后利用数据分析工具对这些数据进行深入挖掘和分析，发现学生的学习规律和潜在问题。在此基础上，教师可以为每个学生制订个性化的学习计划和学习资源推荐，帮助他们弥补知识短板、发挥优势特长。此外，教师还可以利用大数据技术，对学生的学习进度进行实时监控和评估，确保学生能够按照既定的学习目标稳步前进。

参考文献

[1] 柏章发.心理学与中学语文教学[M].成都：四川大学出版社，2017.

[2] 车静静，王淼，李金凤.初中英语基础知识手册[M].重庆：重庆出版社，2014.

[3] 陈建伟.中学语文课程与教学论（第2版）[M].广州：暨南大学出版社，2008.

[4] 陈振兴.语文教学策略研究[M].北京：中央民族大学出版社，2015.

[5] 冯东黎，罗维希，李艳飞.中学语文教学论[M].成都：四川大学出版社，2019.

[6] 福荣，范春荣，黄秋平.核心素养在中学语文教学中的培养策略[M].长春：吉林人民出版社，2020.

[7] 关松林.初中语文教学指导[M].北京：高等教育出版社，2015.

[8] 郭虹.初中生作文能力培养与课堂教学设计[M].长沙：中南大学出版社，2016.

[9] 郝丽琴.中学语文教学设计与案例分析[M].合肥：安徽大学出版社，2015.

[10] 何更生.中学现代文学作品教学设计研究[M].芜湖：安徽师范大学出版社，2010.

[11] 贺卫东.中学语文教材研究与教学设计[M].西安：陕西师范大学出版总社有限公司，2011.

[12] 胡春梅，朱俊阳.中学语文教学形态实践指南[M].北京：华文出版社，2023.

[13] 黄甫全.课程与教学论[M].北京：高等教育出版社，2003.

[14] 靳彤.中学语文教学设计[M].北京：高等教育出版社，2016.

[15] 康海荣.新课程背景下的中学语文教学研究[M].北京：北京工业大学出版社，2021.

[16] 李进祥.中学语文教学实践及其艺术性研究[M].北京：中国书籍出版社，2022.

[17] 刘红.走出语文教师幸福路[M].南昌：江西高校出版社，2023.

[18] 刘兴平.初中生语文学科素养培养策略研究[M].长春：吉林人民出版社，2023.

[19] 陆志平，顾晓白.课程标准案例式导读与学习内容要点[M].长春：东北师范大学出版社，2012.

[20] 沈晓清.教育相协培根铸魂中学语文教学与班级德育的相融相长[M].黑龙江大学出版社，2023.

[21] 首都师范大学附属中学语文组.为生命而读：中学语文阅读教学的人本化探索（初中　高中部分）[M].北京：首都师范大学出版社，2023.

[22] 宋国安.中学语文教学策略与实施路径[M].长春：吉林人民出版社，2023.

[23] 邰姗姗.中学语文阅读教学探究[M].北京：北京燕山出版社，2023.

[24] 谭维河.中学语文教学与实践探索[M].广州：世界图书出版广东有限公司，2019.

[25] 王尚文.语文教学对话论[M].杭州：浙江教育出版社，2000.

[26] 韦美日.中学语文学科教学设计[M].北京：民族出版社，2015.

[27] 魏本亚.中学语文教学设计[M].北京：高等教育出版社，2016.

[28] 吴玲涛，杨菲.写好写快高考英语作文[M].北京：中国宇航出版社，2015.

[29] 徐丽.中学语文课程与教学研究[M].武汉：武汉大学出版社，2015.

[30] 杨亮.中学语文教学设计[M].开封：河南大学出版社，2024.

[31] 叶国勇，陈俊容，祝科.中学语文阅读教学思考与实践[M].成都：四

川民族出版社，2024.

[32] 于漪.于漪全集·第2卷·语文教育（修订版）[M].上海：上海教育出版社，2023.

[33] 于漪.于漪全集·第5卷·课堂教学[M].上海：上海教育出版社，2023.

[34] 于漪.于漪全集·第8卷·写作教学[M].上海：上海教育出版社，2023.

[35] 余映潮.我的中学作文教学主张[M].北京：中国轻工业出版社，2024.

[36] 袁菊.中学语文进阶探究[M].福州：福建少年儿童出版社，2023.

[37] 张茂全.中学语文教学研究[M].西安：西北大学出版社，2020.

[38] 张筱南.中学语文教学设计与案例研究[M].北京：科学出版社，2012.

[39] 张行涛，周卫勇.新课程教学法：中学卷[M].北京：中国轻工业出版社，2004.

[40] 张勇.中学诗学教育[M].芜湖：安徽师范大学出版社，2023.

[41] 赵年秀.中学语文教学设计[M].长沙：中南大学出版社，2014.

[42] 郑艳.中学语文教学设计[M].重庆：西南师范大学出版社，2017.

[43] 周一贯.阅读课堂教学设计论[M].宁波：宁波出版社，2001.

[44] 朱绍禹.中学语文教学法[M].北京：中华书局，2015.

[45] 曹志辉.浅谈中学语文教学法[J].黑龙江教育学院学报，2001（1）：42.

[46] 常红红，翟全.中学语文教学法创新教学模式探析[J].课外语文，2017（21）：95.

[47] 陈建华，侯艳.新课改下高师中学语文教学法课程教学[J].广西梧州师范高等专科学校学报，2005（2）：68-70.

[48] 陈久强.兼具理论性和实践性的中学语文教学研究——评《中学语文教学法十讲》[J].语文建设，2020（1）：81.

[49] 单林.浅谈中学语文教学法课程改革方向[J].中学时代，2012（8）：55.

[50] 邓建玲，官卫星.说课:中学语文教学法课程改革的有效策略[J].文教资料，2008（22）：125-127.

[51] 董红东.中学语文教学法创新教学模式探究[J].新课程，2021（4）：177.

[52] 关众.试谈中学语文教学法的发展[J].云南教育，2000（24）：16-17.

[53] 关众.中学语文教学法概说[J].云南教育，2000（20）：9-10.

[54] 官卫星，邓建玲，蒋燕.新课程背景下中学语文教学法课程教学改革的实践与探索[J].文教资料，2008（21）：129-131.

[55] 官卫星，蒋燕，邓建玲.微格教学:中学语文教学法课程改革的有效策略[J].语文学刊，2008（6）：22-23.

[56] 胡艳丽."中学语文教学法"课程建设中应正确处理的几个关系[J].考试周刊，2013（18）：21-22.

[57] 蒋燕，官卫星.案例教学:中学语文教学法课程改革的有效策略[J].语文学刊，2008（18）：15-16.

[58] 李凤坤.试谈语文教学中提问的重要性[J].中学教学参考，2012（25）：44.

[59] 林海霞，李正荣.如何导读《邹忌讽齐王纳谏》——兼论中学语文教学法[J].中学语文教学，2001（10）：30-32.

[60] 林惠.论语文教师的语言素养[J].现代语文（教学研究版），2010（6）：91-93.

[61] 刘绍港.例谈中学语文教学法之"实"与"虚"[J].语数外学习（初中版中旬），2012（11）：43.

[62] 刘绍武.从讲听机制转化为现场参与机制———种中学语文教学法操作性展开[J].教育科学，2001（2）：27-29.

[63] 刘志林.中学语文教学法创新教学模式探析[J].新课程（中），2019（10）：145.

[64] 孟庆红，刘文星.中学语文教学法课程现状分析[J].语文学刊，2005（8）：10-12.

[65] 彭以槐.中学语文教学法整体改革的尝试[J].江西教育科研，2006（6）：63-64.

[66] 任本文.中学语文教学法创新教学模式探析[J].中学语文，2015（3）：4-5.

参考文献

[67] 宋利清.浅谈中学语文教学法[J].太原城市职业技术学院学报，2004（6）：127-128.

[68] 唐华生.创新——高师中教法课程改革的源头活水[J].达县师范高等专科学校学报，2002（4）：31-33.

[69] 万然.师范类院校"中学语文教学法"课程思政融合发展研究[J].文教资料，2023（4）：71-74.

[70] 王绳媛.中学语文教学法应渗透美育[J].井冈山师范学院学报，2001（S1）：80-82.

[71] 吴连岐，王世宇."中学语文教学法"学习精要谈[J].辽宁师专学报（社会科学版），2002（3）：55-57.

[72] 杨波.试论中学语文教学法的人文教育特征[J].武汉教育学院学报，2001（S1）：16-17.

[73] 尹东海.中学语文教学法创新教学模式探析[J].凯里学院学报，2014，32（1）：169-175.

[74] 臧小艳.案例教学与实践教学的有机整合——开放型中学语文教学法教学模式探析[J].学园，2015（25）：44-45.

[75] 臧小艳.教学改革切忌理论脱离实践，纸上谈兵——中学语文教学法课堂教学误区及思考[J].考试周刊，2013（2）：37-38.

[76] 张晓能.中学语文教学方法新探——评《中学语文教学法十讲》[J].语文建设，2019（20）：88.

[77] 张震.语文素质与班级管理[J].语文教学与研究，2004（20）：82.

[78] 赵迪昊.对中学语文教学法教材建设问题的思考[J].科学中国人，2017（9）：362.

[79] 赵晓霞."中学语文教学法"教学模式转换探析[J].陕西师范大学继续教育学报，2000（3）：82-84.

[80] 赵子彦，高颖娜.谈高师语文教法理论与中学语文教学的接轨[J].教书育人，2007（S8）：60-62.